LES SOURCES

DE

L'ARCHÉOLOGIE CHRÉTIENNE

DANS LES

BIBLIOTHÈQUES DE ROME, DE FLORENCE ET DE MILAN

PAR

EUGÈNE MÜNTZ

Extrait des Mélanges d'archéologie et d'histoire
publiés par l'École française de Rome, t. VIII.

ROME
IMPRIMERIE DE LA PAIX, PHILIPPE CUGGIANI
Via della Pace, 35.
1888

LES SOURCES

DE

L'ARCHÉOLOGIE CHRÉTIENNE

DANS LES

BIBLIOTHÈQUES DE ROME, DE FLORENCE ET DE MILAN

PAR

EUGÈNE MÜNTZ

Extrait des MÉLANGES D'ARCHÉOLOGIE ET D'HISTOIRE
publiés par l'École française de Rome, t. VIII.

ROME
IMPRIMERIE DE LA PAIX, PHILIPPE CUGGIANI
Rue della Pace, 35.
1888

LES SOURCES DE L'ARCHÉOLOGIE CHRÉTIENNE

DANS LES

BIBLIOTHÈQUES DE ROME, DE FLORENCE ET DE MILAN.

(Planches V, VI.)

Les monuments romains du bas empire et du moyen-âge présentent une telle importance pour l'histoire générale de l'art, pour l'archéologie et pour l'iconographie que des reproductions, même imparfaites, de ceux qui ont disparu doivent être accueillies avec le plus sérieux intérêt. Mon illustre maître, M. le Commandeur de Rossi, a montré en toute circonstance, dans sa *Rome souterraine*, dans ses *Mosaïques des églises de Rome*, dans son *Bulletin d'archéologie chrétienne*, quel secours la science des antiquités chrétiennes peut tirer de ces copies, dont les plus précieux recueils sont conservés à Rome, dans la Bibliothèque du Vatican et dans la Bibliothèque Barberini. Je me propose dans le présent travail, d'offrir à mes confrères en archéologie les notes que j'ai recueillies de 1873 à 1876, lors de mon passage à l'École de Rome, sur les descriptions ou les reproductions de cette nature appartenant à différentes collections italiennes. Mon dépouillement, quoique incomplet, fera connaître, j'ose m'en flatter, un certain nombre de documents jusqu'ici, soit ignorés, soit du moins négligés; il ajoutera quelques materiaux utiles à cette grande enquête archéologique, qui n'est pas encore sur le point d'être terminée.

I.

Les dessins de l'Ambrosienne.

Je commencerai cette revue par un recueil qui, quoique faisant partie d'une bibliothèque justement fameuse, l'Ambrosienne de Milan, semble avoir échappé jusqu'ici à toutes les recherches. Je me hâte d'ajouter que ce recueil contient surtout des copies exécutées avec une fidélité rigoureuse d'après le recueil de Ciacconio, à la Bibliothèque du Vatican (fonds latin, n.os 5407, 5408, 5409). Mais comme le recueil de Ciacconio n'est pas des plus accessibles et que celui de Milan renferme un certain nombre de dessins inédits, une analyse détaillée ne peut manquer de rendre service. Grâce aux renvois placés entre parenthèses, ma liste servira également de table des matières pour le volume n° 5407 de la Vaticane, le plus important des trois volumes de Ciacconio.

TOME I.

(F. inf. 221, I. 21 feuillets numérotés).

L'image du Christ, en mosaïque, placée sur la voûte de l'église Sainte Marie Majeure (1). Fol. 1 (Ciacconio, n. 5407, fol. 35).

La Vierge, en mosaïque, placée sur la voûte de la basilique de Latran. 2. (Ibid., fol. 37).

Saint Pierre, en mosaïque, de l'église S. Laurent hors les murs. 3.

Saint Paul, dans la même église. 4. (Ciacconio, ff. 158, 160).

Saint Sébastien, en mosaïque, à Saint Pierre ès Liens. 5. (Cf. Ciacconio, n. 5407, fol. 39; n. 5408, fol. 18).

(1) Notre description reproduit, résume ou complète les légendes italiennes qui accompagnent les dessins.

Saint Romuald, fondateur de l'ordre des Camaldules. 6.

Le cardinal Jacques Caietano Stefanesco, en mosaïque, de l'atrium de Saint Pierre, où se trouve la Navicelle. 7. (Ciacconio; n. 5407, fol. 108).

Saint Justin prêtre, en mosaïque, à Saint Laurent hors les murs. 8. (Ibid., fol. 166).

Sainte Agnès, en mosaïque, à Sainte Agnès sur la Via Nomentana. 9. (Ibid. fol. 126).

Sainte Euphémie, en mosaïque, dans l'église dédiée à la même sainte, à Rome. 10. (Ibid., fol. 174).

Saint Jérôme, en mosaïque, avec le costume de simple prêtre; sur le portique de la basilique de Sainte Marie Majeure. 11. (Ibid. fol. 128).

Le même saint, en mosaïque, avec le costume de cardinal, dans la même basilique, où l'on affirme que se trouvaient également les portraits de Paule et d'Eustache, sur l'arc de la basilique. 12.

Saint François d'Assise, d'après les mosaïques du Latran et de Sainte Marie Majeure, avec une autre image que l'on dit se trouver en Grèce, et une quatrième copiée à Assise. 13. (Ciacconio, n. 3407; fol. 146).

Saint Antoine de Padoue, en mosaïque: basiliques de Latran et de Sainte Marie Majeure. 14. (Ibid. fol. 150).

Le bienheureux Amédée, d'après une peinture conservée dans la sacristie de S. Pierre in Montorio. 15. (Ibid. fol. 152).

Saint Thomas d'Aquin, d'après une peinture conservée au « Sancta Sanctorum » du Latran. 16. (Ibid. fol. 148).

Saint Laurent martyr, en mosaïque; basilique de S. Laurent hors les murs. 17. (Ibid. fol. 162).

Saint Étienne, même basilique. 18. (Ibid. fol. 164).

Saint Pélage II pape; même basilique. 19. (Ibid. fol. 168).

L'effigie de Rome, en mosaïque, sur la voûte de la basilique de S. Pierre, à l'endroit où se trouvent les corps de Saint Pierre et de Saint Paul. 20.

Saint Placide, martyr, disciple de Saint Benoît. 21.

Saint Théodore, en mosaïque; sur la voûte (l'arc) de SS. Cosme et Damien. 22. (Ciacconio, fol. 145).

Les sceau de l'ordre de la Sainte Trinité de la Rédemption des Captifs, d'après la mosaïque placée en avant de la porte de S. Thomas, du même ordre. (Cf. Ciacconio, n. 5407, fol. 99).

Tome II.

(221 inf. C. 2.°)

Saint Pierre, image conservée parmi les choses les plus secrètes de Saint Pierre au Vatican. (A rapprocher du fol. 101, cod. 5407 de Ciacconio: Saint Pierre à mi-corps, « ex tabula S. Sylvestri »).

Saint Clément pape, troisième successeur de Saint Pierre; d'après une vieille mosaïque du « Monastero Vecchio, detto de Jula (à Constantinople) ». (Ciacconio, n. 5407, fol. 130).

Saint Cornelius I pape; mosaïque de Sainte Marie du Transtévère. 3. (Ciacconio, n. 5407, fol. 132).

Saint Honorius III, pape; figure coloriée; sur les portes de l'église de Santa Vibiana (sic). 4. (Ciacconio, n. 5407, fol. 104.)

Jules I. Sainte Marie Majeure, sur la voûte. 5. (Ibid., fol. 134).

Saint Liberius pape. Mosaïque placée sur le portique de Sainte Marie Majeure. 6. (Ibid., fol. 136).

Saint Simplicius pape, « la quale con colori è rinnovata dall'antico mosaico nella chiesa di S. Biviana ». 7. (Ciacconio, n. 5407, fol. 138, décrit ainsi cette figure: « S. Simplicius pp. I, in musivo opere absidis S. Bivianæ, quod cum eversum esset coloribus renovata est imago S. Simplicii papæ qui templum S. Stephani Rotundi in Cœlio ædificavit, S. Bibianæ ad Ursum pileatum et S. Andreæ in Barbara ad Exquilias prope S. Mariam Majorem ».

Saint Léon III pape; mosaïque de la voûte de l'église « SS. Susanna et Gabinio », à Monte Cavallo. 8.

Saint Jean IV pape; Oratoire de S. Venance. 9.

Saint Théodore I, tenant un livre couvert de gemmes. Même oratoire. 10.

Félix IV pape. Peinture du cimetière de « S. Niccolò in Carcere Tulliano ». 11. (Ciacconio, n. 5409).

Saint Boniface IV pape. Même cimetière. 12 (Ibid.).

Grégoire IX. Mosaïque du portique de Saint Pierre au Vatican. 13. (Ciacconio, n. 5407, fol. 48).

Un pape; d'après une vieille peinture conservée à l'église de S. Salvatore a Ponte Sisto, avec l'inscription: *Bononus Presbyter Monacus*, 14 (Ciacconio, n. 5407, fol. 26). Personnage debout, tenant une église; nimbe carré: « Effigies papæ cujusdam ex antiquissima et vetustissima pictura quæ extat in ecclesia Sancti Salvatoris ad pontem Sixtum, cui subsunt hæc: Boninus presbiter monachus ».

Saint León I pape. Patriarchat du Latran. 15.

Saint Sylvestre I. Même palais. 16.

Saint Anastase I. Même palais. 17.

Saint Grégoire I. Même palais. 18.

Nicolas IV. Mosaïque de la voûte de Sainte Marie Majeure. 19 (Ciacconio, n. 5407, fol. 122).

Le pape Benoît XII. Statue de marbre incrustée dans le mur derrière S. Pierre au Vatican. 20 (Ciacconio, n. 5407, fol. 124).

Le pape Jean XXII. Mosaïque du portique de Saint Paul. 21 (Ciacconio, n. 5407, fol. 118).

Honorius IV. Statue de marbre sur son tombeau, dans une chapelle de S. Maria in Aracœli, au Capitole. 22 (Ibid., fol. 120).

Innocent III. Mosaïque d'une chapelle de S. Pierre au Vatican. 23.

Honorius III. Voûte de S. Pierre au Vatican. 24.

Grégoire IV. Mosaïque de l'abside de S. Marc. 25 (Ciacconio, n. 5407, fol. 106).

Pascal II. Mosaïques de l'abside de Sainte Cécile, de Sainte Praxède et de Sainte Marie in Domnica. 26 (Ciacconio, n. 5407, fol. 110).

Le pape Gélase I (II). Palais du Latran. 27 (1).

(1) Voy. sur ces peintures la monographie de M. de Rossi. *Esame storico ed archeologico dell' immagine di Urbano II papa... nell'oratorio di S. Nicola entro il Palazzo Lateranense*. Rome, 1881.

Le pape Saint Pascal I. Même palais. 28.
Le pape Saint Grégoire VII. Même palais. 29.
Le pape Saint Alexandre II. Même palais. 30.
Le pape S. Célestin I. Même palais, chapelle des Pénitenciers. 31.
Le pape Saint Calixte I. Même palais. 32.
Clément IV. D'après une statue. Feuille volante.

Tome III.

(221 inf. III. 16 ff. numérotés).

Images du Christ et des apôtres, d'après la mosaïque de Sainte Marie Majeure. ff. 1-12.

Saint Mathieu, d'après la mosaïque du portique de la basilique de S. Pierre. 13 (Ciacconio, n. 5407, fol. 116).

Saint André, d'après la mosaïque de la basilique de Latran. 14 (Ciacconio, n. 5407, fol. 180).

Saint Jacques Alphée, dans l'église de Sainte Agathe (in Suburra), où l'on rapporte que l'on voit encore les images du Christ et des douze apôtres, placés six à sa droite, six à sa gauche. 15 (Cf. Ciacconio, cod. Vat. 5407 B, fol. 46-78).

Saint Simon apôtre. 16.

Tome IV.

(221 inf. IV, 68 pages numérotées.)

Saint Léon III pape et Charlemagne, d'après la mosaïque qui se trouvait dans l'église Sainte Susanne, à Monte Cavallo (Ciacconio, n. 5407, ff. 140, 184).

Saint Pierre remettant le pallium à Léon III et confiant l'empire à Charlemagne; d'après la mosaïque du triclinium du Latran. 3 (Ibid., fol. 186).

Le Christ, SS. Pierre, Paul, Mathieu, Jean, Jacques et Judas, en mosaïque, dans l'église Saint André, à Monte Cavallo, près de Sainte Marie Majeure. 7 (Ibid,. ff. 189-192).

Le Christ, SS. Pierre, Paul, Laurent, Clément Pape et martyr, Isaïe, Jérémie, et les quatre Évangelistes, église de S. Clément entre le Colisée et le Cœlius. 9.

La Vierge, et SS. Pierre, Paul, Jean Baptiste, Jean l'Évangéliste, Venance, et Domnione martyr, les papes Jean IV et Théodore, dans une église de Rome [Oratoire de Saint Venance, au Baptistère de Constantin], où l'on dit que se trouvaient les images de SS. Paulinien, Telius, Asterius, Anastase, Maurus, Simplicianus diacre, Antiochianus, Gaianus, et les représentations de Jérusalem et de Bethléem. 12 (cf. Ciacconio, n. 5407, ff. 176, 178).

Saint Primus et saint Félicien, martyrs; en mosaïque. Église Saint Étienne le Rond. 14 (Ciacconio, n. 5407, fol. 199).

SS. Venance, Domnione, Anastase, Maurus, Asterius, Septimius, Sulpicien, Antiochien, Paulinien, Caianus; en mosaïque; église S. Venance; avec des figures d'animaux pourchassant ou dévorant d'autres animaux (Basilique Sicinienne). 16, 17 (Ciacconio, n. 5407, ff. 193, 201, 202).

Un Crucifix avec quatre clous et le « suppedaneum », avec les figures de la Vierge et de Saint Jean. Provenance inconnue. 19.

Le Christ en pâtre; mosaïque du portique de S. Venance. 21, 23 (Ciacconio, n. 5407, ff. 195, 200).

Portrait de Charlemagne (?), d'après la Bible de S. Paul hors les murs (feuillet sans pagination).

Mosaïques de Sainte Praxède (arc triomphal, arc de l'abside et chapelle S. Zénon). 25, 27, 29, 31 (cf. Ciacconio, n. 5407, ff. 17-33).

Mosaïques de Sainte Pudentienne (abside et chapelle de Sainte Pudentienne). 33, 35 (cf. Ciacconio, n. 540, 7, ff. 154-156).

Trois figures sans nom, dont l'une habillée en pape avec une colombe près de l'oreille. Provenance inconnue (SS. Cosme et Damien?). 37 (cf. Ciacconio, n. 5407, fol. 205).

Deux figures de papes agenouillés, avec le nimbe carré (indicium viventis). Palais du Latran. On croit que l'une représente Alexandre III. 42, 43 (cf. Ciacconio, n. 5407, ff. 74-98).

Saint Pierre, Saint Paul et d'autres sans nom et sans indication de provenance; l'agneau sur un monticule « con cavalli in basso » (chapelle S. Zénon à Sainte Praxède). 45.

Le Christ, la Vierge avec l'enfant, et d'autres figures, sans nom et sans indication de provenance (chapelle Saint Zénon). 47 (cf. ci-dessus, ff. 25-31).

Les rinceaux de l'église S. Clément, avec la croix, Marie, Saint Jean, les quatre docteurs, le Jourdain, dans le bas, et divers animaux terrestres et aquatiques. 51 (Ciacconio, n. 5407, ff. 196-198, 203).

Un arc avec différentes têtes de saints, sans nom (façade de la chapelle de Saint Zénon). 55.

Compositions diverses sans inscriptions (bas-relief et bustes). 57.

Sainte Hélène. 59, 61.

Sainte Agathe. 63.

Tome V.

(n. 221 inf. n. V. 31 ff. numérotés).

Figures de personnages « in atti penitenti et lugubri », avec des inscriptions grecques et latines (Reproductions des miniatures d'un manuscrit grec; Canon; « Cantus obliquus », etc.).

Tome VI.

(n. 229 inf. n. VI. 16 ff. numérotés).

Peintures découvertes à Rome dans les sept salles ou oratoires (Peintures des Catacombes).

Enfant emmailloté; pâtre avec des brebis à ses pieds, et sur ses épaules; et autres figures inconnues. 1-2.

La Vierge allaitant l'enfant· saints sans désignation; un pâtre semblable à celui du feuillet précédent; S. Paul. 3, 4.

Disque avec un pâtre au milieu, figures d'animaux et d'hommes inconnus, d'autres hommes levant des bâtons comme les pâtres; une femme endormie sous un berceau. 5, 6.

Dans la quatrième salle sont représentés les trois jeunes gens dans la fournaise; un prêtre antique, à ce qu'il semble, ordonnant à un homme de porter du bois; un disque avec le bon pasteur au milieu et divers oiseaux autour de lui; d'autres figures inconnues; une baleine avalant un homme (Jonas); le Sacrifice d'Isaac, et autres sujets. 7, 8, 9, 10.

Cinquième salle. Un bon pasteur; un vaisseau avec des hommes qui jettent un de leurs compagnons à la mer (Jonas); dessin de tombeaux découverts dans la vigna de Gerolamo de' Lupi. 10, 11, 12.

Sixième salle. Portrait de Priscille, fondatrice d'un cimetière en « habito pastorale »; Sainte Lucie, Saint Marcellus pape; autres figures et inscriptions. 12, 13.

Septième salle. Saint Torrotosimio (?). 14.

Disque avec différents animaux; une femme; cimetière de Priscille, via Salaria. 15.

Pâtres accomplissant différents « atti pastorali », « cemeterio Ostriano ». 16.

Tome VII.

(n. 228, inf. C. VII; 80 ff. numérotés).

« De XLIII cœmeteriis antiquis quæ sunt tam intra urbem quam extravicina ».

Un pâtre au milieu des quatre Saisons; cimetière de S. Zéphirin, pape, sur la Voie Appienne, près de S. Jean de Latran. 1.

Jonas endormi. — Jonas jeté à la mer. — Jonas rejeté par la baleine; cimetière de Sainte Félicité. 2.

Le Christ assis au milieu de ses disciples; cimetière de S. Zéphirin pape. 3.

Divers personnages à pied et à cheval « scherzanti »; même cimetière. 4.

Saint Pierre (?) endormi; près de lui une tête (celle du Christ?) lui apparaissant, et une autre figure revêtue du costume de diacre; avec un ange lui apparaissant; même cimetière. 5.

Quatre figures, dont l'une tient à la main le (globe du) monde; même cimetière. 6.

Moïse frappant le rocher. — Un enfant et une femme; dans un oratoire du même cimetière. 7.

L'Enlèvement d'Hélie, avec d'autres figures; dans un oratoire du même cimetière. 8.

Deux lions léchant un homme nu (Daniel dans la fosse aux lions). — Un homme laçant ses brodequins (« il quale si laccia i ligazzi »). Moïse devant le buisson ardent (?). — Un jeune homme assis. — Même cimetière. 9.

Un cercle avec la face du Sauveur. Deux autres figures nues: Une femme avec une harpe (Orphée) au milieu de différents animaux et oiseaux; même cimetière. 10.

Un pasteur avec la flûte ou le chalumeau, et quelques brebis; deux autres personnages avec un enfant nu; même cimetière. 11.

Deux figures vêtues de toges; au milieu d'elles une brebis; sans indication de provenance. 12.

Trois figures avec deux palmes. Proviennent d'une autre chapelle du même cimetière. 13.

Un pasteur avec une brebis sur les épaules, une autre à ses pieds; une seconde figure avec les bras étendus; divers autres personnages formant comme un chœur de saints dans le ciel; sans indication de provenance. 14.

Une figure, frappant un rocher pour en faire jaillir de l'eau (Moïse à ce qu'il semble); une seconde en train de dessiner une figure d'enfant; une troisième figure dont l'identité n'est pas indiquée (1). D'après une chapelle du même cimetière de S. Zéphirin. 15.

Pêcheur, un poisson à la main, un roseau sur l'épaule; une seconde figure un panier à la main; une troisieme indéterminée; même cimetière. 16.

Petite figure avec un voile sur la tête. Provenance inconnue. 17.

Inscription avec les lettres D. M. et quelques cœurs; au milieu une colombe avec des rameaux d'olivier; plusieurs autres motifs. Sculpté en marbre sur une certaine chapelle du même cimetière. 18.

(1) Je reproduis le commentaire qui accompagne le dessin.

Saint Pierre avant le martyre; le même saint est placé sur la croix; l'Adoration des Bergers ou des Mages; Ananie, Azarie et Micha refusant d'adorer la statue de Nabuchodonosor. Catacombe de Sainte Félicité. 19.

Le Christ ramenant la brebis égarée. Adam et Eve avec le serpent. Même catacombe. 20.

Les trois enfants dans la fournaise ardente; autres figurines en prière. Catacombe de Nonnilla (*sic*), sur la Via Salaria, dans une chapelle. 21.

Une face dans un cercle — sans indication de nom — une femme avec un livre et plusieurs caractères; un cercle avec un pasteur au centre portant une brebis sur les épaules; autres petites figures dans le cercle; catacombe de Nonilla (*sic*) sur la Via Salaria, a peu de distance avant la catacombe de Thrason, près de S. Saturnin. 22, 23.

Personnage appuyé contre le monde, un bâton à la main; autre figure avec le monde à la main; autre tenant un couteau. Catacombe de Thrason, à S. Saturnin; Via Salaria. 24.

Le Christ en croix, entre la Vierge et Saint Jean l'Évangéliste; un personnage dans un baquet, avec deux femmes qui le lavent; un lapin ou un cheval (« un coniglio o cavallo »). Chapelle de Saint Jules pape, près de Ponte Molle, près de l'église de S. Valentin martyr; dans la vigne des Pères ermites de Sainte Marie du Peuple. 25.

Six figures de saints, deux sans inscription, et sans indication de provenance. 26.

Le Christ à la colonne, avec un bourreau qui le flagelle. Cimetière de S. Nicolò in Carcere Tulliano. 27.

Le Christ en croix, attaché par quatre clous. Sans indication de provenance. 28.

Autre figure sur une croix ayant la forme de Y; avec quatre clous. Sans indication de provenance. 29.

Autre crucifix vêtu d'une tunique rouge; avec quatre clous. Sans indication de provenance. 30.

Tome VIII.

(N. 227, inf. VIII. 5 ff. numérotés).

Inscriptions en caractères hébraïques. — Deux dessins des clous de la crucifixion et la mesure de la Sainte Croix.

Chandelier de l'Ancien Testament, placé devant l'arche. 1.

La Lance du Christ, conservée à S. Pierre de Rome. — L' « ungula » (prétendu instrument de supplice), conservée à S. Pierre. — Une clef et deux vases, de provenance inconnue. 2.

Boniface VIII promulguant le jubilé. Fresque de Giotto (publiée dans les *Mélanges de l'École française de Rome*, 1881). 3.

Mosaïque absidale de Saint Pierre de Rome (Ciacconio n. 5407, ff. 103, 112).

Tête de mort et bustes divers. 5.

II.

Les ouvrages d'Alfarano.

On possède peu de renseignements sur la vie et les écrits de Tiberius Alfaranus de Gérace (Hieracensis), auquel nous devons une des descriptions les plus complètes de la Basilique du Vatican. Bosio signale en passant les notes manuscrites laissées par cet auteur (1); Ciampini le mentionne parmi les témoins qui signèrent le procés verbal de la démolition de l'abside de Saint Pierre; Torrigio, Severano, les Bollandistes, le citent incidemment (2). Quant à Mazzuchelli (3), il ne prononce même pas son nom.

(1) *Roma sotteranea*, éd. de 1632, p. 105.
(2) *De sacris Aedificiis*. Voir aussi Doni, *Inscriptions*, p. 564.
(3) *Scrittori d'Italia*.

Cancellieri le premier a fait un effort pour tirer la personnalité et l'œuvre de ce savant de l'obscurité dans laquelle elles languissaient depuis deux siècles, et il a donné place, dans une de ses indigestes et fastidieuses publications, à ses *Indices reliquiarum Basilicae Vaticanae*; mais ce qu'il nous apprend d'Alfarano est encore bien vague; il ne nous fournit guère que la date de sa nomination au poste de clerc de la Basilique du Vatican (18 octobre 1567) (1).

Un recueil manuscrit, conservé dans les Archives du chapitre de Saint Pierre, à Rome, sous le titre de *Dionisi cleri Vaticani scriptores virique illustres*, contient, à la page 24, une notice biographique qu'il sera intéressant de reproduire ici:

« Alpharanus Tiberius Hieracensis, vir bonis moribus et vitæ probitate ornatus, inter Clericos et Beneficiatos Vaticanæ Basilicæ adscriptus est die XVIII Octobris MDLXVII. Tabulam in qua veteris novique augustissimi Templi in Apostolorum Principis honorem excitati forma ichnographica conspicitur, accuratissime delineavit, ejusque partes singulas paucis illustravit, quantum scilicet ipsius tabulæ ferebat extensio, at copiose peculiari concinnato volumine rem explicavit adeo, ut de veteris Vaticani Templi structura plurimum nos Alpharano debere, fateamur oporteat.

Hic liber, quem Pontifici Gregorio XIII auctor inscripsit, addita etiam ad Cardinalem Alexandrum Farnesium nuncupatoria epistola, calamo exaratus in Tabulario Vaticanæ Basilicæ asservatur, aliquid vero ejus lacinias Raphael Sindonius in Historica descriptione altarium et Sacrarum Reliquiarum ejusdem Basilicæ, aliique nonnulli prælo tradi curarunt, uti etiam prædictam Tabulam, quæ anno MDLXXXX ære incisa a Natali Bonifacio in Archivo mox laudato extat, quamve Alpharanus data epistola nuncupatoria Kalendis

(1) *De Secretariis novae Basilicae Vaticanae*, t. II, p. 680, t. IV. p. 1559, 1566.

Decembris anno MDLXXXIX Evangelistæ Pallotta S. R. E. presbytero Card. Cusentino, Sixti V Prodatario, SS.ᵐ Basilicæ Principis Apostolorum Archipresbytero, novique Templi protectori dicavit, de quo verba sunt Jacobi Grimaldi in codice Descendentiarum: « præmium aliquod se percepturum sperabat, cum nullum Sacerdotium, nisi tantum Clericatum haberet, spes autem eum fefellit ». Opere conficiendo nec labori pepercit, nec sumptibus, ac magistrum habuit, quem consuleret, Jacobum Herculanum, Canonicum altaristam memoratæ Basilicæ apprime antiquum, et rerum ad eam spectantium peritissimum, meritoque commendatur, quod ad ejusdem Basilicæ splendorem, ac honorem, Deique Omnipotentis gloriam, nec non Reipublicæ Christianæ commodum, et utilitatem antiquæ novæque Basilicæ hujusmodi, ac sacellorum, altarium, sepulchrorum, nec non illi adjacentium Ecclesiarum descriptionem in scriptis, seu libro, aut volumine, et etiam, ut dici solet, in Planta, magno labore, summaque industria composuerit: Censuram hanc legimus in exordio Pontificii diplomatis die XIII Septembris anno MDLXXXIX editi, quo Sixtus V vetat, ne volumen, ac Tabulam, seu Plantam, de quibus loquimur, sine auctoris consensu per decennium vendere, aut imprimere cuiquam liceat, uti ex Vat. Bas. Bullar. to. 3. pag. 163 constat.

Vita decessit Alpharanus noster anno salutis MDLXXXXVI. Eum meminit Turrig. *Crypt. Vat.* pag. 286, et allegant auctores *Romæ Subterraneæ* lib. 2. cap. 4, num. 11. cap. 7. num. 4. 5. 10, et Severanus, in Opere *de VII Urbis Ecclesiis*, ubi de S. Petri Basilica agit, Conradus Janningus Bollandianus, part. 2. to. VII. Iunii, aliique ».

Archives de la Basilique du Vatican. — Communication de dom P. Wenzel.

Alpharanus est surtout connu des historiens de la Ville éternelle par son plan de l'ancienne basilique de Saint Pierre. Ce plan, dédié au cardinal Pallotta, fut publié pour la première fois en 1589, et réédité en 1519 ou 1620 par Ferrabosco et Costaguti (1). Les Archives du chapitre de Saint Pierre conservent la planche originale (2), dont on a fait plusieurs tirages; l'un d'eux est joint à l'édition de l'histoire de Pierre Mallius publiée par l'abbé de Angelis (3). Le plan a été en outre reproduit par Mignanti (4) etc., en dernier lieu par M. l'abbé Duchesne, dans sa belle édition du *Liber Pontificalis*. La plupart des manuscrits suivants ne sont qu'une sorte d'abrégé destiné à servir de légende à ce plan :

G. 4. a. « De sacrosancta basilica beati Petri... antiquissima et nova structura... » Pet. in fol. non paginé. En tête est écrit : « questo libro è il 2° originale di tutte l'altre copie da me scritte e l'ult° da me fatto ed emendato l'anno 1582 ».

G. 4. bis. Même ouvrage que le G. 4. a. 95 ff. avec le plan (gravé) de 1590.

G. 6. Même ouvrage que les précédents.

G. 5. In fol. non paginé, à l'exception d'un certain nombre de feuillets (1-82). Recueil de notes prises sans doute en vue de la publication de l'ouvrage sur la basilique de S. Pierre et dont la rédaction n'est pas terminée: contient des inscriptions, des listes de reliques, des copies de bulles, des dissertations de toute sorte. En tête est écrit : « in questo libro sono raccolti insieme et legati diversi fogli et quinterni scritti da me Tiberio Alfarano, ricavati da proprij originali di libri, pietre, marmi et altri ricordi

(1) *Architettura della Basilica di S. Pietro in Vaticano*, Rome, 1620, cf. Grimaldi, dans le ms. XXXIV, 50, fol. 497, de la Bibliothèque Barberini.

(2) Cancellieri, *de Secretariis*, t. II, p. 680.

(3) *Descriptio Vaticanae Basilicae*; Rome, 1646.

(4) *Istoria della sacrosanta patriarcale Basilica Vaticana*. Rome, 1867.

de voce viva della chiesa di S. Pietro havuti dal R. m. Giacomo Herculano et da altri come si vede ».

Il existe une copie partielle de ce ms. – sans numéro – faite par le sous-archiviste Giuseppe Gueriggi, complétée et reliée en 1857; c'est à elle que se rapportent nos renvois.

G. 7. « Instructio pro peregrinis ad limina apostolorum confluentibus ad instar magnæ tabulæ lateranensis ».

G. 9. « Sommario del libro e della pianta della chiesa vecchia di S. Pietro ». C'est une sorte de légende du plan gravé par les soins d'Alpharanus. On en trouve des copies à la Casanatense et à la Brancacciana (3 G. 21).

G. 8. Cet ouvrage n'est pas d'Alpharanus, mais paraît lui avoir beaucoup servi; c'est un volume in folio, pas très gros, intitulé: « libro composto dal R. m. Julio Herculano (1) anno MDLXVII, (1567) ». Il est accompagné de cette note de la main d'Alpharanus: « Ego Tiberius Alpharanius (*sic*)... collegi fideliter folia presentis opusculi ab auctore morte preventus relicta imperfecta anno domini MDLXX ».

Bibliothèque de la Minerve. XX. VI. 50. Sans titre. Petit in folio. — 129 ff. Débute par les mots: « Gregorio XIII Pont. opt. maximo » et se termine par ceux de « gloria in sæcula sæculorum, amen ». C'est le commentaire du plan.

Bibliothèque Barberini. XXXIII, 153 ancien 2764, 26, ff. non chiffrés. « Sacrosanctæ Vaticanæ Basilicæ Beati Petri Princ. apostolorum Urbis tam veteris, quam novæ structuræ descriptio, opera et studio Tiberii Alpharani Hieracensis clerici Basilicæ ». On lit en outre, en tête du volume: « Il titolo del libretto che corrisponde alla pianta. Forma: sacrosanctæ Basilicæ Beati Petri Principis Apostolorum a Tiberio Alpharano descripta, cum catalogo rerum celebrium, ut facile quisque per elementa alphabetica et numeros omnia dignoscere possit ». 26 feuillets non paginés, petit

(1) Ce personnage est probablement identique au Jacobus Herculanus mentionné dans la notice biographique ci-dessus reproduite.

in folio, écriture ancienne. L'ouvrage est divisé en 174 n^{os} correspondant aux n^{os} du plan; l'auteur a en outre employé comme n^{os} les lettres de l'alphabet, jusqu'à M. M.

Bibliothèque Vallicelliana. G. 30. « Tiberii Alpharani Hieracensis Commentarius de Sacrosanctæ Basilicæ B. Petri in Vaticano antiquissima et nova structura ». In 4.° relié en parchemin, avec deux opuscules imprimés sur le « Sacellum Gregorianum ». 85 ff. non paginés. Dédié à Grégoire XIII, ainsi qu'au cardinal Alexandre Farnèse.

Bibliothèque Brancacci, à Naples. 3. C. 21. « Sommario del libro e della pianta della chiesa vecchia di San Pietro ». (Identique au G. 9 des Archives du chapitre de Saint Pierre).

III.

Les manuscrits de Mancini.

Le Siennois Jules Mancini, médecin d'Urbain VIII († au mois d'août 1630, à l'âge de soixante ans), est un des premiers auteurs qui aient appliqué à l'archéologie chrétienne le critère artistique proprement dit. Son *Viaggio per Roma per vedere le Pitture*, conservé en manuscrit dans un assez grand nombre de bibliothèques publiques, se compose de notes prises en passant, imparfaitement élaborées, bien plus, pleines d'inexactitudes de toute sorte; mais qui témoignent d'un justesse de coup d'œil relative. Mancini, que l'on n'avait jusqu'à ces derniers temps mis à contribution que pour l'histoire de l'art moderne (1), a

(1) Voyez sa biographie par J. B. de Rossi (Erythræus), 1645, le *Theatron in quo maximorum Christiani orbis pontificum archiatros* PROSPER MANDOSIUS *exhibet*; Rome, 1696; réimprimé à la suite des *Archiatri* de Marini, p. 92, 95. L'auteur y parle (p. 95) du « *Trattato delle Pitture di Roma*, quod extabat in bibliotheca equitis Caroli An-

soutenu dès le début du XVIIe siècle, que les mosaïques de Sainte Pudentienne et du portique de Saint Venance dataient, non pas du moyen-âge, mais des premiers temps du christianisme. Son opinion n'est pas dénuée de poids en pareille matière, puisque c'est celle d'un homme de goût qui a encore vu dans leur intégrité beaucoup des monuments de l'art chrétien primitif. Par contre il s'est trompé en confondant partout les fondations de Pascal I avec celles de Pascal II.

Mancini a en outre composé un *Trattato della Pittura*, sur lequel on trouvera des détails circonstanciés dans la *Roma sotterranea* de M. de Rossi (1).

Le P. della Valle, dans la lettre publiée par M. Campori, parle de quatre manuscrits des ouvrages de Mancini; le premier appartenant au prince Chigi, le second à la Bibliothèque de l'Université de Sienne, le troisième (*Trattato molto erudito sopra l'origine, progresso e ritrovamento della Pittura*) au chevalier Pecci, le quatrième à la Naniana, de Venise.

Ont fait usage des travaux de Mancini: Baldinucci (2), Malvasia (3), Bottari (4), Morelli (5), d'Agincourt (6), de Angelis (7), Pungileoni (8), Nibby (9), M. de Rossi (10), M. Janitschek (11)

tonii a Puteo ». — Della Valle, dans les *Lettere sanesi sopra le belle arti*; Venise, 1782, t. II, p. 26 et dans une lettre publiée par G. Campori (*Lettere artistiche inedite* p. 241, 242) s'occupe également de Mancini.]

(1) Voy. aussi *Viaggio nelle catacombe de Roma*; Milan, 1835, p. 5.

(2) *Notizie de' Professori del disegno.*

(3) *Felsina pittrice.*

(4) Edition de Vasari.

(5) *Bibliotheca Naniana*, p. 25 et *Notizia d'opere del disegno*; Bassano, 1800, p. 155, 156.

(6) *Histoire de l'art.*

(7) *Notizie... Fra Giacomo da Torrita*; Sienne, 1821, p. 7.

(8) *Elogio storico di Raffaello*; Urbin, 1829, p. 65.

(9) *Roma nell'anno 1838*; parte mod., t. I, p. 355.

(10) *Roma sotterranea*, t. I, p. 50.

(11) *Repertorium für Kunstwissenschaft.*

et divers autres auteurs. Le *Buonarroti* de 1867 a publié (p. 4-8), d'après Mancini, la liste des " pitture e graffiti sopra le facciate di Roma ". Enfin j'ai moi-même mis à contribution les manuscrit de l'auteur siennois dans la *Revue critique* (1875, n° 33) et dans les *Nouvelles Archives de l'art français* (1876, p. 296, 297, notice sur le peintre Bordin). Tout récemment, M. le dr Th. Schreiber a consacré une notice spéciale à Mancini. Mais cette monographie, rédigée un peu hâtivement, à ce qu'il semble, est loin d'épuiser la matière (1).

Les copies manuscrites des ouvrages de Mancini sont fort nombreuses. J'ai eu l'occasion de relever les suivantes:

ROME

Bibliothèque du Vatican. Fonds Capponi, n. 231. 226 pages écrites. À la page 64 se trouve la mention « fin hora 1621 ». Ce manuscrit est un des plus complets; il donne un certain nombre de noms d'artistes qui sont laissés en blanc dans les autres. P. 37: « alcune considerationi intorno à quello che hanno scritto alcuni autori in materia della pittura... et appresso alcuni aggiungimenti, d'alcuni pittre e pittori che non han potuto osservare quelli che hanno scritto avanti ». — P. 228. notes extraites d'un ouvrage appartenant à Louis Carrache. — P. 238. Note sur la restauration des peintures de la chapelle Sixtine.

Bibliothèque Barberini. n. XLVIII. 83. pet. in fol. 419 ff. chiffrés. Le *Viaggio per Roma* (ff. 1-128) commence par les mots: « per gusto de i studiosi » et se termine par la biographie de Bordino; il comprend en outre « alcune considerationi intorno à quello che hanno scritto alcuni autori, in materia di pittura; se habbino scritto bene, ò male; et appresso alcuni aggiongimenti d'alcune pitture,

(1) *Gesammelte Studien zur Kunstgeschichte. Eine Festgabe für Anton Springer*; Leipzig; 1885, p. 108 et suiv.

e Pittori, che non han' potuto osservare quelli, che hanno scritto per avanti ».

Le ms. a plus de lacunes que celui de la Vaticane. Fol. 126 v° par exemple, on a laissé en blanc le nom de Rubens. On y trouve par contre diverses dissertations qui manquent dans les exemplaires de la Vaticane et de la Chigienne; je ne citerai parmi elles que celles qui se rapportent à l'art. Ff. 147-155. « Che cosa sia disegno, e di qual professione, et à chi appartenga ». ff. 292-375. « Breve ragguaglio delle cose di Siena ».

XLVIII. 105. « Consideratione delle Pitture che si ritrovano in Siena nella camera della Balia del convento di Alessandro III » (mêlé à des dissertations sur la médecine).

Bibliothèque Chigi. G. III. 66. Pet. in fol. 208 pages. Copie ancienne. P. 1-203: « Viaggio per Roma per vedere le pitture », (avec les biographies des peintres siennois). — P. 204: « Osservationi di Baldassare da Bologna sopra l'opera di Giorgio Vasari ». — P. 208: « Modo tenuto nel rinettare le pitture della cappella di Sisto nel Palazzo Vaticano ».

FLORENCE.

Bibliothèque nationale. Fonds Palatin. Stanza E, scaffale 5, n. 46. « Trattato della Pittura ». 144 ff. Paraît présenter quelques variantes.

Fol. 4. « Alcune considerazioni appartenenti alla pittura, come diletto d'un gentilhuomo ».

Fol. 91.v° « Rolo delle pitture che si ritrovano qui in Roma, di tempo in tempo fatto fin ad oggi ».

Fol. 144 v° (fin): « In duomo appresso l'altare di Ponente la translazione delo d. santo. »

Marucelliana. C. 345. M. Schreiber cite d'autres copies à la Bibliothèque Marucelli et à la Laurentienne.

VENISE.

Bibliothèque de Saint Marc. Cl. IV. XLVII. 102. 6. Cette copie est due à plusieurs copistes différents; elle contient beaucoup de blancs; fol. 87 v° par exemple, la place que doit occuper le nom de Rubens est restée vide. Corrections nombreuses.

Le ms. est divisé en trois parties; allant la première du fol. 1 au fol. 91, la seconde du fol. 92 au fol. 177, la troisième du fol. 178 à la fin. Par une erreur du relieur, la deuxième partie a été reliée la première et vice-versa.

Fol. 92. « Alcune considerationi appartenenti alla pittura ».

Fol. 178-195 v° « Viaggio per Roma per veder le pitture ».

Fol. 4: « Parte seconda. Alcune considerationi intorno a quello che hanno scritto alcuni autori in materia della pittura ».

Même bibliothèque, n. 95. Copie exécutée par Farsetti.

LONDRES.

British Museum. Harl. n. 1672 (92. B. 4). In fol. de 242 ff. Copie ancienne. Commence par la dédicace. P. 2: « Alcune considerationi appartenenti alla pittura ». — P. 124: « Parte seconda. Alcune considerationi intorno a quello che ha scritto qualche autore. » — Le volume se termine par la biographie de Bordino.

IV.

Les dessins de la Barberine.

Cette collection inappréciable a été principalement formée dans le second tiers du XVII siècle par les soins du cardinal François Barberini, un prélat auquel la science des antiquités chrétiennes a les plus grandes obligations. On peut dire que jusqu'ici on n'a tiré qu'un faible parti de ces documents qui suffiraient pour renouveler l'histoire de l'art, et surtout de la peinture, à Rome, pendant une grande partie du moyen-âge. Puissent nos notes, quelque sommaires et incomplètes qu'elles soient, appeler l'attention des archéologues sur une mine si féconde!

XVI. 71. anc. 3078; in folio.

Recueil de pièces sur le concile de Trente.

Ff. 528-578. « Trattato di mons. Sirleto sopra la chiesa di Sta Maria Maggiore di Roma », adressé au card. Borromeo; description bien sommaire; l'ensemble du traité offre peu de données nouvelles, autant que j'ai pu en juger dans un examen fort rapide; il est plutôt fait au point de vue ecclésiastique qu'à celui de l'archéologie.

XXX. 135. (anc. 3011) 186 ff.

Fol. 19. « Relatione, et copia d'alcuni Epitaffii, et imagini di mosaico che si ritrovano in Benevento » (1).

Fol. 23. « Sono queste le più intere, et intelligibili (iscrizioni), che si leggono in diversi luoghi sparsi per la città (di Benevento). Imagini et pittura di mosaico ne ha S^a^ Sophia ne in altro luogo di Benevento se ne vedono, si bene nel domo vi ne erano molte nella Tribuna maggiore, ma per l'ampliatione della chiesa furo levate. Per hora vi ne sono rimaste quelle che si notano in dorso di questa. Li libri manuscritti, che erano in S^a^ Sophia in tempo che ne fù abb^e^ comendatore l'Illmo Ascanio card. Colonna furo trasferiti in Roma. — Imagine di mosaico: Sopra la porta maggiore del domo vi è uno vacuo in mezzo tutto di mosaico con cordone e campo d'oro è vario. In mezzo l'imagine della sacratissima Vergine con le mani stese... con queste lettere greche M̃P Θ̃Υ, ogni cosa di mosaico. Immediatamente sopra la sud^a^ imagine è vacuo li si vede un rosone in forma di rota con li raggi di marmo,

(1) Cf. Borgia, *Memorie storiche della città di Benevento*. Rome, 1763, 3 vol.

et in mezzo d'esse bellissimi fogliaggi diversi con uccelli, fiori et cartuelli, tutti di mosaico vario. Al centro della ruota è rosone un agnus Dei in campo d'oro con la croce, et diadema. Sopra la porta maggiore di S^a Sophia vi è rimasto uno campo di mosaico con una parte di un cordone, ma per l'antichità sono quasi disfatti ».

Fol. 24. « Sopra la porta maggiore della chiesa di santo Bartolomeo vi è uno campo con l'imagine del santo con cordone et friso attorno et con vasi di fiori di qua, et di là con lettere sequenti: Santus (*sic*) Bartolomeus, tutti di mosaico bello, vario et bene destinto ».

Fol. 69. Mosaïques du triclinium de Léon III, de l'église Sainte Susanne, etc.

XLVIII. 67. anc. 2699, pet. in fol. oblong. Sur la couverture est écrit: « Ruinæ ædific(iorum) manuscriptæ ». Huit dessins de monuments détruits, – sans aucune espèce de note.

XLVIII. 101. Petit in folio.

69 dessins divers, statues, bas-reliefs, chapiteaux, lampes, peintures, etc. etc. antiques ou modernes. Je ne note que ceux qui ont rapport aux antiquités chrétiennes.

Fol. 4. deux petits dessins au bistre représentant les deux mosaïques de la bibliothèque Chigi; sans indication aucune.

Fol. 6. le pavement de Sainte Marie Majeure, avec deux chevaliers : SCOTVS PAPARONE — IOHES PAPARONE FILIVS EIVS.

Fol. 42. dessin au bistre représentant S. François d'Assise dans trois attitudes différentes. « Superior imago representans B. P. Franciscum, reperitur depicta in Coenobio de Jancourt circa annum 1236: Interior refert B. P. Franciscum Assisie in Ecclesia Monialium S^{tæ} Claræ cum hac inscriptione: Dña Benedicta post sanctam Claram abbatissa me fecit; obiit autem Sta Clara anno 1253 ».

Fol. 45. statue à mi-corps du pape Grégoire X, au dôme d'Arezzo. Vasari en parle comme d'un ouvrage de Giovanni Pisano et croit qu'elle représente Honorius IV.

Fol. 62. dessins à la mine de plomb représentant deux bas-reliefs avec une sorte de procession, avec des soldats etc. (repré–

sentation des villes de Crémone, Brescia, Milan), travail très barbare: « Hoc opus Anselmus formavit Dedalius. — Ambrosius Celebs de is (*sic*) MB struvit (*sic*) edes »; puis cette autre inscription, évidemment mutilée, et qui paraît avoir été en vers: « Mediolano lapso divina favente [providentia] rerum (?) vires sue superposuerunt, factum declarat amicos. O Anseus aut vivens esto benedicus (*sic*) Mediolanenses pia memores ecce amore rediens urbe recepta ».

Cette espèce de frise historiée se trouvait, d'après une note, « partendosi da S. Nazaro andando verso la porta della città ». — Différentes autres inscriptions difficiles à déchiffrer.

Fol. 64. « In S. Alexii in Aventino insertum pavimento »: dessin très-sommaire: paraît être une mosaïque antique avec des scènes de pêche.

Fol. 69. Baptistère de S. Jean de Latran. — Un fragment de la paroi intérieure, avec des incrustations de marbre.

XLVIII. 146. (ancien 1052) h. 0.325, l. 0.22.

« Figure et inscrittioni intagliate nelle porte di bronzo della Basilica di S. Paolo copiate d'ordine del Sig. Card. Francesco Barberini V. Cancell. di S. Chiesa, Nipote di N. S. Urbano VIII. L'anno MDCXXXIV con ogni fedeltà et diligenza ». 54 dessins numérotes, plus quatre modèles de croix placés à la fin du volume. Dessins en camaïeu vert, paraissant assez fidèlement copiés, mais qui n'ont plus grand intérêt après les publications de d'Agincourt, de Nicolai, et enfin après l'exposition publique des fragments de ces portes sauvés de l'incendie de 1823.

XLIX. 11 (ancien 1050) h. 0.42, larg. 0.26.

« Forma della chiesa profanata di S^to^ Urbano Papa primo posta nel loco detto la Caffarella, non lungi da S. Sebastiano, nella Via Appia. Con pitture della vita di Christo, di Santo Urbano, e di Sta Cecilia. Pitture antiche nella chiesa dei Santi Sebastiano, e Zotico nel Monte Palatino copiate l'anno 1630. Pitture antiche della chiesa di S. Andrea in Barbaris vicino à S. Antonio nell'Esquilie. Pitture che sono nel Portico dei SS. Vincenzo et Anastasio all'Acque Salvie ».

Fol. 1-18. Peintures de S. Urbano. — Sous l'image de la Crucifixion on ne voit plus le nom de l'artiste; il y a une lacune assez considérable à cet endroit.

Fol. 19-29. « Pitture antiche nel Portico della Chiesa di Santa Cecilia in Transtevere sotto Pasquale primo, copiate nel 1630 » (avec le plan du portique) — Ces peintures étaient déjà en fort mauvais état à cette époque. Puis viennent deux peintures semicirculaires, l'une avec Hylas (?) et les nymphes, l'autre avec une bataille (guerrier monté sur un char), sans indication de provenance. — « Copia delle antiche pitture, che sono nel Portico di SS. Vincenzo et Anastasio all'Acque Salvie. 1630 ». Quatorze dessins. Sur l'un d'eux, on voit Charlemagne et Léon III, le premier vêtu d'un manteau violacé, levant de la gauche un volumen, couronne en tête.

XLIX. 12 (ancien 2010). h. 0.41, l. 0.28. 48 ff.

« Pitture della Basilica di S. Lorenzo nel campo Verano, fedelmente copiate da Antonio Ecclissi l'anno 1639 ».

Fol. 2. « Imagini di musaico nel fregio del portico : la Madonna, Christo, S. Stefano ».

Fol. 3. « A sinistra pur di mosaico. San Lorenzo, Papa Honorio III (sous les deux petites mosaïques de la façade).

Fol. 4-21. 32 peintures du portique, avec l'histoire de S. Laurent et des inscriptions.

Fol. 22-33. 12 peintures représentant l'histoire du comte qui avait offert un calice à l'Église S. Laurent et que les diables voulurent emporter. Plusieurs de ces peintures étaient déjà complètement ruinées à cette époque; d'autres ont disparu depuis.

Fol. 34-46. « L'Historie che seguono son dipinte dentro la Chiesa, entrando a man sinistra » (épisodes de la vie de S. Laurent).

Fol. 47. « Nela sepoltura del Card[l] Gughelmo Fieschi come á carte 5 » (p. 5, le plan général des peintures).

Fol. 48. La mosaïque de l'arc triomphal avec l'inscription:

QM LEVITA SVBISTI Q IVRE TVI (sic) TEMPLIS LVX BEN·

plus loin en caractères courants l'inscription tout entière d'après Severano; dessin colorié.

Voici les inscriptions, en commençant par la gauche:

PELAGIVS·S·LAVRENTIVS·S·PETRVS·S·PAVLVS·S·STEPHANVS·S

EPISC.

DIS	DEDIT
PER	PAV
SIT	PERI
	BVS

A	NI	YPPO
DE	MA	LI
SIT	ME	TV
A	A	✠ BE
		THLE
		EM

Manquaient à cette époque, ou bien étaient indiquées comme de simples peintures, non des incrustations, les parties suivantes : la cité de Jérusalem, à gauche, le milieu de la figure de Pélage et de S. Laurent, le bas de la figure de S. Hippolyte.

Le Pape Pélage n'a pas le nimbe carré; il a les pieds nus, sans sandales; l'artiste l'a représenté, une fois sans l'église qu'il offre au Christ, tel qu'on l'avait figuré lors de la restauration, une autre fois tel qu'il devait être primitivement, tenant la basilique de ses mains voilées.

XLIX. 13. (anc. 2011) h. 0.42, larg. 0.285 34 ff. non compris les ff. doubles (Sur le titre est écrit « zum freundlichen Andenken meinem Vetter » — (effacé)., 1843 — signature effacée).

« MOSAICHI et Pitture de la Basilica di Santa Maria in Transtevere (copiate fedelmente) da (Antonio Eclissi) l'anno 1640 ».

Reproductions en couleurs, très fidèles, des mosaïques de la façade et de l'intérieur.

Dans la copie de la mosaïque de la façade on voit sept vierges avec des lampes allumées (cinq à gauche, deux à droite), et trois avec des lampes éteintes.

Fol. 10. « nela sommità dell' Campanile »: Madone à mi-corps avec l'enfant Jésus; peinture.

Fol. 11. « Sotto il Portico. Pittura antica, con l'immagine di S. Vicislao Re di Boemia. Credono alcuni, la beretta del Santo essere la medesima, con quella del Prefetto di Roma ». Annonciation; debout derrière la Vierge, à gauche, S. Wenceslas.

Fol. 12. « Entrando in chiesa, nella pariete a man sinistra. Pittura di Pietro Cavallino ». Vierge assise, donnant à boire à l'enfant; à droite S. Antoine, à gauche un saint avec une épée; au bas du trône de la Vierge deux donateurs microscopiques (fe)CIT. FIERI. GREGORIVS·DE ANTONII HIOVANNILLO A·D·MCCCCLII (*sic*).

Ff. 13-22. Mosaïques de l'abside (1).

Fol. 23. « Segue sotto la finestra di mezzo, opera dell'istesso, con il ritratto di Bertoldo Stefaneschi ». Vierge à mi-corps dans un cercle, avec l'enfant; à gauche S. Paul; à droite S. Pierre: ce dernier met la main sur la tête du donateur agenouillé; inscription: VIRGO DEVM COMPLEXA etc.

Fol. 24. inscription: « Cui sua pro meritis... (Paulus fecit hoc opus) ».

Fol. 25. « Retratto del cardinal Alenconio, in detta capella. » (peinture: portrait en buste).

Fol. 26. « Capella del cardinal Filippo Alencurt, già trasportata. » Tombeau sculpté.

Fol. 27. « Deposito del cardinal Alencurt, (del quale l'inscrittione va nelo spazio segnato) ». Figure couchée du cardinal avec un bas-relief représentant la Mort de la Vierge.

Fol. 28. Inscription dudit tombeau.

Fol. 29. « Deposito del card. Pietro Stefaneschi. Tra le due arme, va l'inscritione che segue ». C'est l'inscription du fol. 24, qui a été déplacée. Sur le revers du fol. 29 on voit encore l'empreinte des caractères de cette inscription. Figure couchée du cardinal.

Fol. 30. « Fuori della chiesa, da la parte sinistra verso la Lungara. Pittura (de S. Jean Baptiste) nel lato destro del tabernacolo de la Madonna: forsi fatta fare per sua devotione, dal sig^r Rainaldo Brancacci, cardinale ivi ritratto, che morì nel Palazzo incluso hora nel monasterio de monaci di S. Paolo, contiguo a questa chiesa ».

(1) Voy. les *Musaici cristiani* de M. le Commandeur de Rossi.

Fol. 31. « Imagine de la Madonna, nel detto Tabernacolo » (la Vierge assise, avec son fils; à gauche un donateur agenouillé).

Fol. 32. S. Michel archange, peint à gauche de ce tabernacle (avec une explication).

Ff. 33-34. deux têtes de Christ peintes, faisant partie du même tabernacle.

XLIX. 14 (ancien 1048) in fol. 49 dessins coloriés dont plusieurs sont pliés en deux ou même en quatre parties. Largeur des dessins sans la marge: 0,24; hauteur 0,325. « Mosaici di S. Maria Maggiore e di S. Martino de' Monti ».

Ff. 1-41. mosaïques de Ste Marie Majeure ou peintures ayant remplacé ces mosaïques. Sur l'arc triomphal, le Christ parmi les docteurs; l'enfant Jésus manque; par contre on voit très distinctement des costumes plutôt militaires (1). Dans l'Adoration des Mages le personnage assis à gauche est peu distinct.

Fol. 42. « abside di S. Martino ai Monti », la Vierge avec l'enfant assise entre S. Paul, à gauche S. Pierre, à droite deux papes nimbés, aux extrémités sur l'arc de chaque côté deux brebis, fond bleu. Sur l'arc est écrit:

Virgo Maria salutatur, stupet, annuit et gravidatur (2).
Concipit ad verbum angeli per spiritum sanctum

en bas:

Fracta vetusta nimis solisque relicta ruinis,
Ne Silvestri obeat noctis amica domus,
Presbyter hanc renoat sacrumque altare vetustum
Repparat inque dei presulis inque decus.

Ornementation très riche, velarium, colonnes cannelées, etc.

Ff. 43, 44. peintures antiques trouvées à S. Silvestro: « disegno

(1) Voy. à ce sujet l'hypothèse de M. Kondakoff dans mes *Études sur l'Histoire de la Peinture et de l'Iconographie chrétiennes*, p. 14.

(2) Il est à peine nécessaire de faire observer que ce vers est faux; pour le remettre sur ses pieds il faudrait supprimer le mot « Maria ».

d'un rabescho depinto fra le pilastri sostenenti gli archi; a man sinistra dietro la capella di S. Silvestro nelle therme di Trayiano (*sic*) a S. Martino a Monti. — Disegno d'un rabesco depinto sopra un pilastro a canto la capella soteranea di S. Silvestro dal quale si può giudicare dal gusto dela pittura degli therme di Trayano prima che S. Silvestro o S. Sisto I° facessero depingere sopra le medesime le figure sagre di cui sono i disegni seguenti ».

Fol. 45. un saint debout.

Fol. 46. abside semicirculaire, la Vierge assise avec l'enfant entre deux saintes qui lui offrent leurs couronnes.

Fol. 47. Vierge avec l'enfant debout entre quatre saintes, le bas de la peinture ruiné.

Fol. 48. le Christ debout entre S. Pierre et S. Paul, et deux autres saints imberbes (des diacres?); le bas de la peinture ruiné.

Fol. 49. deux saints et deux saintes (ces dernières tenant d'une main un lis, de l'autre une lampe allumée), placés entre des fenêtres.

Toutes ces peintures paraissent du XII° au XIII° siècle; le style en est ferme, nourri, les attitudes graves, la composition monumentale.

Sur le verso du dernier dessin est écrit: « alcune copie fatte da Marco Tullio delle pitture sacre antiche di S. Martino de Monti ».

XLIX. 15 (anc. 2420), 142 ff. Peintures diverses et mosaïques de S. Paul hors les murs. Recueil très important. Mériterait une étude spéciale.

Fol. 1. « Figure 22 nella parte fra le finestre a manò diritta nell'entrare in chiesa » (21 figures debout, prophètes, etc.)

Fol. 4. Saint Pierre et Saint Paul, debout; près d'eux le soleil et la lune; dans le haut l'agneau dans un médaillon; une note au crayon porte que ces figures sont « più moderne de' profeti ».

Puis viennent 38 scènes de l'Ancien Testament jusqu'à l'histoire de Moïse et de Pharaon.

Ff. 61-82. « Figure 22 poste tra le finestre a man manca nell'entrare. »

Ff. 87-107. (les ff. 83-86 manquent): « Historie 21 nel primo ordine nell'entrare a mano manca ». Scènes de la vie des saints.

Fol. 108. « Historie 21 nel secondo ordine sotto i papi nell'entrare a mano manca ».

Ff. 129-136. « Otto pitture poste sopra la porta di dentro ». Saint Luc, avec le bœuf placé au-dessus de lui; le Christ au jardin des oliviers; Saint Mathieu; Saint Jean; Ange assis tenant le corps du Christ mort; Saint Marc — figure aux trois quarts ruinée —; le Portement de croix; foule nombreuse; le Christ en croix, avec quatre clous.

Fol. 137. « Pittura nel pilastro dell'arco di mosaico a mano manca nell'entrare ». Dans le haut, le Christ debout, étendant les mains; devant lui est agenouillé

ABBAS
BARTHOLOMEVS

plus bas une cité fortifiée remplie d'une foule nombreuse; un homme tient la porte entrouverte.

Fol. 138. Saint Pierre assis. Plus bas, une cité analogue à la précédente: « Pittura nel pilastro dell'arco di mosaico a mano dritta nell'entrare ».

Fol. 140. Mosaïque de l'arc triomphal, sur laquelle on remarque déjà des lacunes fort considérables (le bœuf et l'ange manquent; à gauche il n'y a plus que dix anciens; Saint Paul a perdu les bras; les deux anges ne sont vus qu'à mi-corps).

Fol. 141. Portrait-médaillon, avec un nimbe carré, entre Saint Pierre et Saint Paul.

Fol. 142. Trois têtes, dont une avec le nimbe carré.

XLIX. n. 16. in fol.

« Effigie di settantotto Pontefici dipinte intorno alla Basilica di S. Paolo sopra il cornicione delle colonne, copiate l'anno 1634 d'ordine dell'Emin. Sig. Card. Francesco Barberini V. Cancell. di S. Chiesa, mancandovene alcune, che per l'antichità sono cascate, cominciano da Lino sino a Vitaliano ».

Ces portraits, tous circulaires, ont environ 0.26 de diamètre; ils se distinguent par un fond bleu. Au fol. 79 commence une autre série, dont le fond est tantôt rouge, tantôt bleu ou vert. « Effigie di quaranta Pontefici, cominciando da Anacleto sino a Bonifacio primo, mancandone alcune che sono cadute, dipinte intorno la Basilica di S. Paolo sopra i capitelli, copiate l'anno 1634 ».

On sait que les originaux sont aujourd'hui exposés dans la galerie du premier étage du couvent de S. Paul hors les murs. Voir aussi: Marangoni, *Chronologia Rom. Pont. superstes in pariete australi Basilicæ S. Pauli descripta sæculo V.* Rome; 1751.

XLIX. 17. (ancien 1047), larg. 0.28. h. 0.42. non paginé. XVIIe siècle; dessins coloriés sans texte.

I. n. 1-20. « Pitture che stavano fuori dell'Hospedale de S. Giovanni Laterano ». 20. (Ces peintures paraissent au plus tôt du XVe siècle).

II. 1-30. « Pitture in S. Jacomo al Colliseo ». (Peintures du temps de Giotto, ou postérieures.

III. 1-15. « Pitture di S. Urbano alla Caffarella ». Fol. n. 9. Sous la Crucifixion on lit : ✠ BONIZZO FRT A XPI MXI.

XLIX. 19. ancien 1046. h. 0.43, l. 0.29. 32 dessins (ce chiffre est différent du chiffre des folios). Relié parch. blanc.

« Altaria, sepulcra, vetera monumenta, que olim in Templo, vel Atrio Vaticano extabant, nunc in cryptis Vaticanis, vel reposita, vel delineata reperiuntur. Item alia monumenta in Lateranensi Basilica vel alibi per Urbem ».

Fol. 1. « Benedicti Papæ XII effigies marmorea, in sacris cryptis Vatic. ». Cf. Ciacconio, n. 5407.

— 2. « Bonifacii papæ VIII effigies marmorea ». Ibid.

— 3. « Paulus papa II. — pictum in sacris cryptis Vaticanis ». Vue du tombeau de ce pape; il est représenté couché sur un sarcophage.

— 4. « Exemplum Sepulcri Nicolai PP. v. picti in sacris cryptis Vat. ». Statue couchée sur un sarcophage; en haut deux anges soutenant des armoiries, puis, plus haut encore, deux autres dans la même attitude; de chaque côté du tombeau trois statues debout placées les unes au-dessus des autres.

— 5. « Altare S. Marci a Paulo II, pictum in sacris cryptis Vat. ». Au-dessus de l'autel, une peinture représentant le Christ en croix entre la Vierge et S. Jean.

— 6. « Altare S. Andreæ a Pio II, pictum in sacris c. Vat. » Deux étages: l'étage inférieur encadrant l'autel est supporté par quatre colonnes; sur l'autel on voit la statue en marbre de S. André. L'étage supérieur, supporté par deux grandes colonnes et deux petites, est terminé par un fronton. C'est dans la niche pratiquée au fond de cet autel qu'étaient sans doute renfermées les reliques du saint; la lunette de cette niche nous montre la tête (sculptée) du Christ et des anges agenouillés. Dans le fronton sont sculptées les armes du pape.

— 7. « Ciborium SS. Sudarii Veronicæ a Joanne VII factum, pictum in sacris cryptis Vat. ». Construction assez compliquée, dont l'étage supérieur est supporté par des colonnes torses, qui paraissent incrustées de mosaïque; le couronnement se compose de colonnettes supportant un toit polygonal, dans le genre de celui de S. Laurent hors les murs. Vers le centre de la construction est peinte la Vierge, ou Ste Véronique montrant le linge sur lequel est empreinte la face sanglante du Christ.

— 8. « Altare sanctiss. Sacramenti et SS. Simonis et Judæ a Paulo III. ornatum, pictum in s. c. v. ».

— 9. « Altare S. Bonifacii IIII a Bonifacio VIII pictum » (ib.).

— 10. « Altare S. Leonis VIIII, in sacris crypt. v. ».

— 11. « Hæc b. Virginis musiva imago erat ad sacellum Joannis VII in sacris cryptis Vat. ».

— 12. « Ex ruinis antiquissimi sacelli Joannis Papæ VII in veteri Basilica MDCVIIII. in sacris cryptis Vat. ». Mosaïque avec la femme agenouillée, étendant les bras vers le coffre sur lequel repose le Christ; au fond le bœuf et l'âne (1).

(1) Voy. mes *Notes sur les mosaïques chrétiennes de l'Italie*; fasc. IV.

— 13. « Altare S. Antonii Eremitæ a Nicolao de Astallis Rom° huius Basilicæ Canonico ornatum, et dotatum anno 1343, in s. c. v. ».

— 14. « Forma ferri lanceæ D. N. Jesu Xpi, in s. c. v. ».

— 15. « Ciborium SS. ferri lanceæ ab Innocentio VIII. in s. c. v. ». Le bas est supporté par deux pilastres, puis vient une balustrade et en haut une sorte de reliquaire qui est supporté par des colonnes ioniques et qui renferme sans doute le fer de lance; au-dessus de l'autel est peinte la Vierge assise, avec l'enfant, ayant à sa gauche le pape agenouillé.

— 16. « Altare S.ti Vincislai Regis Bohemiae ab incone (*sic*) Episc. Olmucense (*sic*) in s. c. v. ». Peinture avec trois saints et deux donateurs.

— 17. « Antiquissima hæc B. Petri imago tres claves gestantis erat in atrio veteris Basil. supra sepulcrum Ottonis II Imp. cum imaginibus Salvatoris et B. Pauli, in sacris c. v. ».

— 18. « Hæc crux erat in summitate anterioris faciei veteris Basilicæ MDCVI in s. c. v. ».

— 19. Le Christ en croix, peinture « in un pilastro della Basilica di S. Giovanni in Laterano a mano destra, copiato 1633 li 19 di febraro, in pilastro Basil. Lat. ».

— 20. Le Christ en croix « nella capella di S. Tomasso in S. Gio. in Laterano copiato 1633 a di 13 di febraro, S. Thom. ».

— 21. Le Christ en croix entre la Vierge et S. Jean, « nella vigna del collegio di Salviati vicino alla Chiesa de' Santi quattro Coronati, copiato 1633 a di 17 febr. ».

— 22. Le Christ en croix, seul, peinture. « Nel portico di S. Gio. in Laterano, che guarda verso la chiesa di S. Croce in Gierusaleme, copiato 1633 a di 14 di feb., portico Later.ne ».

— 23. Statue, ou bas-relief, représentant le bon pasteur, entre deux brebis, ancre, poisson « in un pilo di marmo incastrato nel muro nella vigna degl'alunni del Collegio Salviati presso alla Chiesa de' Santi Quattro, copiato 1633, a di 21 di febraro »

LIVIA NICARVS LIVIAE PRIMITIVAE
SORORI FECIT. Q. V. AN. XXIII. D. VIIII

« Contignatio tecti partis veteris Basilicæ, sub Paulo V demolitæ. — Benedictus PP. XII qui tecta veter. Basil. restituit, Calabria, et aliunde magnis abiegnis trabibus advectis quarum aliquæ integræ centum triginta tribus palmis Romanis longæ erant, in sac. c. v. » (vue intérieure d'une partie de la basilique).

— 25. « In sacris crypt. Vatic. » (vue) à gauche : « Palatium Archipresb. a Leone III », puis « opus musivum Salvatoris oratorio S. Mariæ in Turri ». Cette partie, supportée par quatre colonnes ioniennes, est encastrée entre l'édifice précédent et celui qui va suivre; on y voit le Christ dans un cercle supporté par deux anges, ayant au-dessous de lui quatre personnages qui paraissent l'adorer; plus haut, de chaque côté, trois anges volant (en tout huit anges) (1), puis vient « Turris campanaria a Leone IIII » et « Porticus ad benedictionem ab Alexandro VI ». De la tour, on ne voit qu'un fragment; quant au portique, il se compose de trois étages, supporté chacun par cinq colonnes ioniennes (2); puis enfin, à l'extrême droite « frons palatii apost. a Paulo II ». C'est un édifice peint en rouge (briques ?), de dimensions assez modestes, avec un portail monumental, une horloge au milieu et trois cloches à jour suspendues sur le sommet sous un petit toit; il paraît accolé au portique d'Alexandre VI.

— 26. « Apsida veteris basilicæ in s. c. Vat. ». Mosaïque d'Innocent III, reproduction en couleurs, assez grossière « supra hujus hemycicli parietes sita erat apsis Constantiniana veteris Basilicæ, ab Innocentio papa vermiculato opere ornata; cujus exemplum memoriæ ergo hic juxta exprimitur. Paulo V Pont. Max. — In coronicis (*sic*) zona hi versus legebantur » :

« Summa Petri sed..... (3) ».

— 27. « Pictura antiquissima extans supra januam secretarii veteris in Basilica lateranensi, quod vocatur etiam sacellum S. Tho-

(1) Un dessin analogue a été publié dans *The American Journal of Archæology*, 1886, pl. VIII.

(2) Un dessin analogue, dû à Grimaldi, a été publié dans mes *Arts à la Cour des Papes*, t. II.

(3) Voy. mes *Notes sur les Mosaïques chrétiennes de l'Italie*, fasc. IV.

mæ, ædificatum a Jo. Papa XII, cujus effigies hic exprimitur, quando induitur solemni planeta iturus ad sacra peragenda ad majus altare; de qua fit mentio a Jacobo Grimaldo clerico beneficiato S. Petri in instrumento publico asservato in archivo dictæ Basilicæ 1605 die 28 decembris, et a Julio Mancino medico in suo tractatu m. s. de picturis, qui asserit se 1618 eam vidisse (1). Hæc cum nonnullorum incuria esset dealbata ita ut nichil appareret, jussu eminentissimi card. Francisci Barberini 1633 mense aprili fuit detecta et expolita, ne talis memoria periret. Legebatur ibi nomen dicti Jo. ita ✠ IOHES PP XII, sed deletum fuit, ob ibi ponendos aliquos lateres. Nec ibi modo appr·ɘt signum ejus nominis. Putarunt aliqui illam planetam fuisse baldacchinum, sed illius rei minimum quidem vestigium extat ».

— 28. « Exemplum atrii Porticus, cum anteriori facie Basilicæ veteris a Gregorio Papa nono musivo [ornatæ] »; à gauche, le « sepulcrum Othonis II Imper. Aug.»; à droite du palais: « Palatium Innoc. PP. VIII in sacris c. vat. ».

— 29. « Navicella in atrio. — picta in sacris cryptis in Vat. »

— 30. « S. Silvester pp. I tenens tabellam cum imaginibus S. Petri et Pauli extantem in Bas. Vatic. in Sacrario ». Statue de marbre. — En bas « S. Salvator della Corte ».

— 31. Vue du château de S. Ange. « Castrum S. Angeli ut erat tempore Nicolai pp. V cum duobus sacellis in capite Pontis ab eo extructis, ut ibi missæ celebrarentur pro animabus illorum, qui anno jubilei 1450 in eo ponte præ nimia hominum pressura obierunt, de quo S. Antoninus in Chronicis, et Bartholomeus Platyna in vita dicti Nicolai V et alii. Extat hæc pictura in Ecclesia Sanctissimæ Trinitatis in Monte Pincio in quodam sacello prope altare majus ». A l'extrémité du pont, deux petites chapelles; sur le château, l'ange avec l'épée; la loge pour la bénédiction, avec quatre colonnes, existait déjà.

(1) Cette peinture a été publiée par Ciampini: *de Sacris Aedificiis*, p. 14.

— 32. « Poeta Barabal. Stà intarsiato in una porta della sala vicina a quella di Costantino nel Palazzo Vaticano, di cui fa mentione il Giovio nelli Elogii (1) ».

XLIX. 20 (ancien 824) in fol. oblong, relié en maroquin rouge aux armes des Barberini.

Ni peintures, ni mosaïques. — Vues d'édifices modernes et principalement des portes de la ville.

XLIX. 30. h. du vol. 0.46, mais les dessins sont de dimensions très différentes. Recueil formé par les soins du bibliothécaire actuel. 75 ff.

— Fol. 1. Le Christ en croix. En bas « Honorius PP. III » et FR·IACOB·EI' P̄NIARI'·ET·CAPPELLAN.

— 2. Quatre portraits de papes en pied « S̄C̄S̄·GELASIVS PP·II·S̄C̄S̄·PASCHALIS P̄P̄·II·S̄C̄S̄·VRBANVS P̄P̄·II·S̄C̄S̄·LEO P̄P̄. in S. Joannis Lateranen. aula pœnitentiariis attributa depicti sunt pontifices max. (2) ». Dessins coloriés.

— 3. Quatre autres papes de la même série : « Scs Gregorius PP. Scs Alexander pp. II. Scs Gregorius pp. VII. Scs Victor pp. III.

— 4. Peinture : « come il SS. pp. Urbano V dete l'abito alla congregatione delli giossuati l'ano 1367 del mese di giugno, copiato a SS. Giovani e Pauolo, copio nel Portico dentro al convento ». — Paraît être une peinture du XVe siècle.

— 5. « Pictura exolescens fere consecrationis a S. Silvestro papa peractæ in altari Lateranensis Basilicæ Urbani II aevo, ut arbitror. E confessione Basilicæ suprascriptæ sub capitibus apostolorum SS. Petri et Pauli a Gaspare Morono delineata, vivisque coloribus expressa. MDCLXXII ». En haut, la tête du Christ qui se trouve aujourd'hui encore au Latran, avec deux anges de chaque côté; plus bas le pape devant l'autel et une nombreuse troupe de fidèles.

— 6. D'après une note placée dans le vol. c'est la « pianeta

(1) Voy. mon *Raphaël*, 2e édit. p. 419.

(2) Voy. sur ces peintures mes *Ricerche intorno a Giacomo Grimaldi*, et le travail de M. de Rossi, cité ci-dessus.

rappresentante la Vita di S. Niccolò di Bari, esisteva nel duomo di Anagni ».

— 7. Dessin représentant le crucifix du fol. 1, mais plus en petit.

— 8. « S. Elziarius de Sabrano ». Figure en pied, dans le style de Gentile da Fabriano.

— 9-10. Fragments de pavements, à dessins géométriques, sans indication de provenance.

— 11. Arc de Trajan. « Imp . Cæsari . divi . Nervæ . filio . Nervæ Traiano . optim . Aug . » etc.

— 12. Fragment de sarcophage, avec l'Hémorroïsse, Adam et Ève, etc. « Romæ, prope fontem Tregium in antiquo marmoreo pilo ». Id. petit croquis à la plume représentant S. Pierre, Léon III et Charlemagne (Triclinium du Latran, avant la restauration), dessin sommaire, sans intérêt.

— 13. Fragments de sculpture avec l'Histoire de Jonas et d'autres scènes. « Romæ, in palatio de la Valle ex antiqua arca seu loculo marmoreo sepulcrali ».

— 14. Dessin colorié représentant un pape qui remet un morceau d'étoffe (pallium?) à deux hommes (portraits de S. Pierre et S. Paul) en costume civil: « in ecclesiæ lateranensis porticus epistilio opere musivo ».

— 15. Suite du précédent: baptême (de Constantin): cinq figures.

— 16. Même suite. Décollation d'un saint (Jean Baptiste); à droite le bourreau le frappe, à gauche il emporte sa tête.

— 17. Même suite: S. Sylvestre et le dragon, derrière le pape un diacre.

— 18. Id. à gauche un saint nimbé (Saint Jean l'Évangéliste), les mains liées, auquel on paraît couper les cheveux. A droite le même saint debout entre deux hommes.

— 19. Id. le Christ s'avançant vers un personnage à moitié nu qui lui tend les bras et qui paraît sortir des flammes. Toutes ces mosaïques ont un fond bleu; les papes y portent, non la tiare, mais un bonnet formant dans sa partie supérieure un angle rentrant (1).

(1) Gravées dans Ciampini, *de Sacris Aedificiis*, p.11-13.

— 20-22. Fragments de peintures antiques (?) « dal giardino alle 4° fontane ».

— 23. Bas-relief (?) représentant un évêque mort et des prêtres qui portent ses insignes.

— 24-38. Antiquités diverses, païennes ou chrétiennes, sculptures, parmi lesquelles je ne citerai que les p. 27-28, qui représentent des combats des gladiateurs en mosaïque : « questi due furono trovati nel clivo del Monte Celio, sotto San Gregorio in una vigna a mano sinistra per andare all'Antoniano. Sono di musaico alquanto grosso, et rappresentano li combattimenti dei Retiari, di quali li più sono de tempi bassi di Costantino ». Les noms de ces gladiateurs sont écrits à côté d'eux : ASTIANAX. VICIT KALENDIO.

— 39-62. Antiquités diverses, sculptures, columbaria (39-40, dessins à la plume représentant le lavement des pieds et la Cène, d'après des peintures (?) byzantines).

63. Dessin au crayon noir, mis au carreau, représentant la mort de Sainte Pudentienne. La composition n'y est pas encore coupée au-dessous des pieds du Christ ; mais se prolonge de manière à laisser voir la draperie de S. Paul (1).

— 64-74 dessins de navires antiques.

— 75. « Mathia Corvino dipinto in una casa a mano manca allo entrar della strada del Pellegrino, della qual pittura ne fa menzione il Giovio ». Le monarque hongrois est représenté à cheval, brandissant son glaive, en haut 2 anges, à gauche une tablette avec cette inscription :

« Deberis coelo Matthia invicte, sed ipsa » etc.

à droite cette autre :

« Tartara te cupiunt sed te sibi vendicat aether » etc.

(Voy. notre planche V.)

XLIX. 33. Le fameux recueil de dessins de Giuliano da San Gallo, décrit à l'envi.

(1) Voir les *Musaici cristiani* de M. de Rossi.

XLIX. 85. In folio. Une soixantaine de dessins de formats divers. Recueil renfermant les monuments les plus variés, antiques et modernes, peintures, bas-reliefs, ivoires, etc. Les six premiers feuillets sont des copies exécutées en 1869, d'après les dessins conservés à la Bibliothèque du Vatican; elles représentent différents saints, entre autres Saint Sébastien souffrant le martyre. Je ne note que les dessins offrant quelque point de repère.

Fol. 9. Le Christ en croix entre S. Jean et la Vierge, peint « nella vigna degli orfanelli a Santi quattro ».

Fol. 12. Dessin à la sanguine, représentant une sculpture (?) d'un style très barbare, avec le Christ assis entre le quatre symboles des Évangelistes : « in una chiesa nel monte di Machilone, tra la porta Borbone (?) diecesi (*sic*) di Rieti ».

Fol. 16. Peinture. Madone et enfant; dans le bas, trois saints adorant : « hauta dal S.r Lionardo. È in una vigna presso le terme Antoniane, la quale è di un P. Domenicano ».

Fol. 24 : « Mausolei cardinalis Ambiani in æde collegii S.ti Martialis Avenoniensis esistentis [delineatio] » (1).

Fol. 35. Pavement en mosaïque de l'église Saint Michel Majeur de Pavie (2).

Le reste du recueil se compose principalement d'antiquités païennes.

V.

Les « Instrumenta Translationum » de Grimaldi.

Dans un travail spécial, auquel la *Bibliothèque des Écoles françaises d'Athènes et de Rome* a donné l'hospitalité (3), je

(1) La statue du cardinal Lagrange, évêque d'Amiens, († 1402) se trouve aujourd'hui au Musée d'Avignon.

(2) Voy. mes *Notes sur les mosaïques chrétienne de l'Italie*, fasc. III, p. 7, 8.

(3) Traduit en italien et publié en brochure sons le titre de *Ricerche intorno ai lavori archeologici di Giacomo Grimaldi*... Florence, 1881,

me suis efforcé de faire connaître l'œuvre archéologique de Jacques Grimaldi, le modeste et infatigable travailleur qui nous a laissé tant d'informations précieuses sur les monuments de la Rome médievale. Sur la demande d'un certain nombre de mes confrères, je me décide à livrer à l'impression la table du manuscrit dans lequel Grimaldi a résumé ses principaux travaux, les *Instrumenta autentica translationum sanctorum corporum*, conservé à la Bibliothèque Barberini, n.° XXXIV, 50. Grâce à la publication de cette table, extrêmement détaillée, il sera facile désormais de mettre à contribution ces documents encore trop inexplorés.

Hæc tabula continet instrumenta translationum sanctorum corporum et sacrarum Reliquiarum e veteri in novum templum Sancti Petri, et multas alias memorias. Laus deo.

Indulgentia plenaria S.[mi] D. N. Pauli Quinti Pont. Max. concessa iis, qui translationibus præfatis in forma ecclesiæ consueta interessent, habetur in principio libri immediate post præsentem tabulam.

Aperitio sepulcri Bonifacii octavi Caetani. 1 (1).

Fimbriæ in alba seu camiso Bonifacii octavi cum suis historiis. 5.

Selpulcrum Bonifacii VIII.

Sacellum Sancti Bonifacii IIII a Bonafacio VIII erectum et dotatum. 8.

Image Bonifacii VIII ex statua sui sacelli. 8.

Memoria Bonifacii 8 ex libro benefactorum basilicæ S. Petri, et aliis scripturis. 9 (2).

Memoria statuæ Benedicti XII. 12.

57 pages. Voir également dans *Il Tesoro della Basilica di S. Pietro in Vaticano*, qui j'ai publié avec M. Frothingham, un certain nombre de lettres de Grimaldi, p. 184-187.

(1) Publié par Mignanti, t. II, p. 310.

(2) Publié dans *Il Tesoro della Basilica di S. Pietro in Vaticano* p. 11 et suiv.

Exemplum marmoreæ imaginis Benedicti XII. 12.

De nominibus portarum veteris Basilicæ. 13.

De Callisti tertii sepulcro. 13-14. (1) (dessin).

Translatio corporum Callisti III et Alexandri sexti propre chorum Sixti IIII. 15.

Constitutio septem altarium in nova basilica. 15.

Sanctissimus d. n. prima vice visitat dicta VII altaria 30 oct. 1605. 15.

Loco altaris Resurectionis Tabitæ constituitur unum ex VII (*sic*) altare S. Petronillæ. 15.

Dissecratio altaris S. Bonifacii IIII et inventio corporis ejus. 16.

Memoria consecrationis dicti altaris. 17.

Dissecratio altaris S. Erasmi. 17.

Memoria consecrationis altaris S. Vincislai Regis Bohemiæ. 18.

Exemplum altaris s. Erasmi. 18.

Exemplum yconis S.[ti] Vincislai ab Hincone Episcopo Olmucense. 18.

Dissecratio altaris sancti Antonii Eremitæ anno 1344 a Nicolao de Astallis Romano Vaticanæ Basilicæ Canonico erecti et dotati, postea sub nomine Sanctæ Annæ juxta portam æneam. 19.

Memoria consecrationis et dotationis dictæ cappellæ S. Antonii Eremitæ ex antiquo libro benefactorum Basilicæ S. Petri. 19.

Imago Dominici de Astallis episcopi Fundani. 20.

Exemplum supradicti sacelli sancti Antonii. 21.

Dissecratio altaris mortuorum. 21.

Memoria epitaphii S. Bonifacii IIII. 21.

Dissecratio altaris SS. Processi et Martiniani martyrum et inventio corporum eorumdem. 22.

De Ecclesia SS. Processi et Martiniani martyrum in prædio S. Agathæ via Aurelia, et de miraculo eorundem Sanctorum relato a S. Gregorio papa homil. 32 in dicta Eccl[a]. 26.

Descriptio sacelli sub organis, in quo corpora eorundem sanctorum

(1) Publié dans mes *Arts à la Cour des Papes*, t. I, p. 212-213.

Delineatio dictæ antiquæ processionis. 51.

Historia delineata repositionis capitis sancti Andreæ et corporis sancti Gregorii ex Sepulcro Pii secundi desumpta. 51.

Repositio capsæ cum corpore sancti Gregorii Papæ intra aliam capsam cypressinam novam. 52.

Translatio corporis sancti Gregorii Magni in sacellum e regione Gregoriana. 52.

Repositio corporis sancti Gregorii Magni intus altare. 53.

Dissecratio Altaris sanctæ Petronillæ Virginis. 54.

Exemplum templi sanctæ Petronillæ Virginis. 55.

Epitaphium Agnetis uxoris Henrici secundi Imperatoris in dicto templo sepultæ. 56.

Repositio corporis sanctæ Petronillæ Virginis intra capsam cypressinam novam. 58.

Processio corporis sanctæ Petronillæ Virginis. 59.

Repositio corporis sanctæ Petronillæ Virginis intus altare in nova Basilica. 59.

Exemplum altaris S^{mi} Crucifixi, unde sacrum corpus sanctæ Petronillæ Virginis in novum templum translatum fuit. 61.

Repositio reliquiæ fæmoris S. Petronillæ Virginis in sacrario. 61.

Repositio corporis sancti Bonifacii quarti intra capsam cypressinam novam. 61.

Processio corporis ejusdem. 62.

Repositio corporis ejusdem intus aram. 62.

Elevatio corporis sancti Leonis Papæ noni de sepulcro. 63.

Annotatio ad dictum instrumentum. 66.

Repositio reliquiarum, quæ de corpore sancti Leonis noni fuerunt extractæ, videlicet; de tibia, de coxa, de crure, vertebra duo, et dens unus, postea confusæ ministrorum incuria cum aliis sine nomine, et in Polyandrium illatæ in ambitu sacræ confessionis, ut in dicta notatione habetur. 66.

Exemplum altaris sancti Leonis IX in veteri Basilica. 67.

Processio corporis sancti Leonis noni. 67.

Repositio corporis ejusdem intra altare. 68.

(1) Publié dans mes *Ricerche intorno ai lavori archeologici di G. Grimaldi*, p. 28 et suiv.

Crucifixio B. Petri intra duas metas. 137.

Decollatio B. Pauli apud aquas Salvias cum miraculo trium fontium. 138.

Humatio sanctissimi corporis Principis Apostolorum. 139.

Quando S.[mi] Apostoli Petrus et Paulus projiciuntur in puteum ad catacumbas. 140.

Sanctus Cornelius Papa cum Lucina sanctissima femina corpora Apostolorum Petri et Pauli de Catacumbis levavit. 141.

Versus Damasi Papæ ad catacumbas 141.

Quomodo sanctissimi Apostoli Petrus et Paulus per quietem apparuerunt Constantino Imperatori, ex qua postea visione Christianam fidem suscepit. 142.

Quomodo sanctus Silvester Papa ostendit yconam Apostolorum Petri et Pauli, quæ hodie in Vaticana Basilica asservatur; et tales fuisse qui sibi apparuerant Imperator Constantinus affirmat. 143.

Descriptio porticus veteris Basilicæ. 143.

Porticus ipsa comburitur a Friderico Imperatore et de miraculo subsecuto. 144.

De imagine Deiparæ Virginis inter columnas dictæ porticus. 144.

De tabernaculo ante columnas porticus, statua S. Petri, et portis æneis, quæ dicebantur templi Salomonis. 144.

Forma dictarum portarum ænearum cum exemplo prædicti tabernaculi ante porticum Vaticanæ veteris Basilicæ. 145.

Descriptio sacelli Sancti Gregorii papæ antiquum Secretarium, postea ædicula S. Mariæ de febribus in capite porticus ad meridiem cum ejus planta. 145.

Exemplum naviculæ in atrio veteris Vaticanæ Basilicæ. 146.

De navicula in atrio antiquæ Vaticanæ Basilicæ, et brevis vita Jacobi Card. Stephanesci Romani. 147.

Epitaphium Jotti, qui dictam naviculam fecit. 147.

Memoria veteris pavimenti Costantiniani in Atrio Vaticanæ Basilicæ. 149.

De metis inter quas fuit crucifixus S. Petrus. 149.

(1) Publié dans mes *Ricerche intorno ai lavori archeologici di G. Grimaldi*, n. 88 et suiv.

cris picturis a Paulo V ornatur, relicta ibi translationis memoria. 199.

Processio in translatione corporum SS. Leonum. 199.

Repositio sanctorum corporum intra altare. 200.

Inspectio sanctorum corporum Leonum I, II, III et IIII, a S^mo D. N. Paulo V. 201.

Inventio corporis cum signo Christi. 203.

Inventio nobilissimæ conchæ marmoreæ in nave sanctissimi crucifixi. 203.

Inventio ossium et pulverum ad pedes nonæ columnæ navis S^mi Crucifixi ingressus sinistra (*sic*) cum quadam inscriptione in columnæ basa incisa. 204.

Aperitio sepulcri Felicis Diaconi Sixti tertii. 204.

Inventio arcæ marmoreæ cum historiis Jesu Xpi et beati Petri. 205.

Annotatio diei et horæ, qua primum inchoatum est fundamentum anterioris faciei Basilicæ. 205.

Immissio lapidis benedicti a sanctissimo Dño nostro Paulo quinto in fundamentum faciei Templi ab ipso extruendæ. 205.

Nummus Circi Caii et Neronis ex Sebastiano Erritio. 210.

De Circo Caracallæ extra portam Appiam non longe ab ecclesia S. Sebastiani, qui similis est Circo Caii et Neronis, et planta ejusdem. 210.

Memoria Circi Flaminii tempore Cœlestini III. 211.

Circus Caii et Neronis in prospectu, et Planta ejusdem. 212.

Translatio Obelisci Cæsari Augusto, Tiberioque dicati, quem Sixtus V in foro Vaticano erexit, ejusque dedicatio et benedictio Crucis. 212.

Indulgentia perpetua X dierum adorantibus crucem in summo obelisco cum Pater et Ave; Sixti V. 214.

Donatio rosæ aureæ altari S. Petri a S. D. N. Paulo V. 214.

Frons basilicæ muro extollitur 12 Maii 1608. 215.

Annotatio diei et horæ, qua inchoata fuit lapidibus tiburtinis. 215.

Numismata ænea in fronte Vaticana condita. 216.

Dissecratio altaris S. Mariæ de Febribus. 216.

Aperitio sepulcri Petri Card. Fonseccæ. 216.
Imago Petri Card. Fonseccæ. 216.
Exemplum sepulcri cum epitaphio. 217.
Aperitio sepulcrorum Pii 2.[i], Pii 3.[i] et Julii 3.[i] 217.
Exemplum marmoreæ arcæ, in qua nunc requiescit Pius secundus. 217.
Epitaphia Pii 3.[i] et imago sepulcralis. 218.
Aperitio sepulcri Gregorii V, exemplum marmoreæ arcæ in qua modo requiescit, et epitaphium. 219.
Demissio sacræ imaginis deiparæ Virginis musivi operis ex sacello Joannis septimi Papæ pro M. et R. D. Antonio de Ricciis. 219.
De Joanne septimo et ejus sacello. 221.
Inventio maximæ et nobilissimæ arcæ marmoreæ juxta sacellum Sancti Thomæ anno 1609, 27 Julii. 222.
Annotatio ultimi diei, quo in Choro Basilicæ veteris divina officia cessarunt. 223.
Elevatio sacrarum Reliquiarum ex labro porphyretico altaris Chori Sixti IIII. 224.
De Choro temporaneo in nova Basilica. 225.
Inventio marmoreæ arcæ sculptæ historiis Jesu Christi et Beati Petri. 226.
Aperitio sepulcri Sixti IIII Pont. Max. 226.
Consignatio annuli preciosi cum sapphiro pro sacristia Basilicæ. 229.
Imago Sixti IIII ex sepulcrali statua. 229.
Exemplum sepulchri ænei magnificentissimi Sixti IIII cum epitaphio et aliis inscriptionibus. 230.
Exhumatio cadaveris Julii Papæ secundi. 232.
Crux pectoralis Julii 2.[i] 232.
Repositio Julii secundi in capsa abiegna et humatio cadaveris. 232.
Exhumatio cadaveris Fatii Santorii Cardinali Sanctæ Sabinæ. 233.
Aperitio sepulcri Stephani Cardinalis Nardini, et epitaphium ejusdem. 234.
Aperitio sepulcri Carolæ Reginæ Cypri. 234.
Aperitio sepulcri Callisti tertii, et Alexandri sexti. 235.

Delatio corporum Callisti tertii, et Alexandri sexti ad Ecclesiam S. Mariæ Montis Serrati de Urbe. 236.

Consignatio corporum eorumdem Pontificum Callisti et Alexandri prioribus dictæ ecclesiæ. 237.

Translatio Portæ Sanctæ anni Jubilei in novam Porticum S. Petri in capite versus palatium. 237.

Aperitio altaris parvæ ædiculæ juxta sepulcrum Ottonis secundi Imperatoris in Atrio Basilicæ S. Petri. 238.

Aperitio sepulcri porphyretici Ottonis secundi Imperatoris. 238.

Imagines supra ædiculam Ottonis secundi Imperatoris Salvatoris Nri, B. Petri cum tribus clavibus, et B. Pauli. 240.

Exemplum sepulcri Ottonis secundi Imperatoris, et arcæ in qua quiescebat corpus ejus. 241.

Descriptio anterioris faciei operis musivi supra gradus anteriores Basilicæ, cujus exemplum habetur folio 152. 241.

Inventio arcæ marmoreæ, in qua ex omni latere Christi nomen incisum erat dum novi Chori fundamenta fierent. 243.

Inscriptio Polyandrum in ambitu sacræ Confessionis sub Paulo V Pont. Max. 245.

Carmina a S. Damaso pp. edita Pauli V jussu e ruinis servantur. 245.

Aquæ cloacarum fabricæ inundaverunt totam novam Basilicam palmo uno, et aquæ non intraverunt æneas crates subterranei Oratorii Confessionis. 246.

De Ecclesia sci Vincentii sita inter Palatium et navem Sanctissimi Sudarii, demolita anno 1611. 246.

Opus musivum maximi tholi absolvitur 1612. 246.

Fornix Porticus ad benedictiones absolvitur. 247.

Frons Vaticano absolvitur 21 Julii 1612. 247.

Fornix maximus majoris navis absolvitur. 247.

Urbanus Papa septimus transfertur ad Ecclesiam S. Mariæ supra Minervam maxima funeris pompa. 247.

Murus dividens veterem a nova Basilica dejicitur et ruinæ veteris Templi deficiunt. 248.

tanti divina visione Moralium libri B. Gregorii pp. revelantur anno 649. 261.

Sanctus Audoenus Rothomagensis Epus ad Confessionem B. Petri orans, cum inciperet Exultabunt sancti in gloria, divinitus responsum est, Lætabuntur in cubilibus suis, anno 672. 262.

Felicis Archiepiscopi Ravennatis fidei professionem per vim factam Constantinus Papa in Confessione B. Petri posuit, quæ non post multos dies tetra et pene combusta reperta est. 263.

Paschalis primus ante Confessionem B. Petri vigilias de more celebrans ex sanctæ Cæciliæ Virginis et Martyris revelatione corpus ejusdem invenit in Cœmeterio Prætextati. 264.

Sanctus Servatius Tungrorum Episcopus ad tumulum B. Petri humiliter accessit, ut quod a Deo suis precibus impetrare non poterat adjunctis sibi Apostolicæ virtutis patrociniis facilius obtinere mereretur, ibique de Dei voluntate a B. Apostolo admonetur. 265.

Sanctus Amandus Religionis ardore limina Apostolorum visitans a B. Petro ad prædicandum Christi Evangelium mittitur in Gallias, ubi benigne exceptus, ut hoc munus obiret, Trajectensis Episcopus ordinatur. 266.

Beatus Petrus sacerdotem admonet, ut altaria in veteri Basilica magis frequentata consecranda curet, sacerdos mandatum negligens, surdus efficitur, mox ad ipsius Apostoli Confessionem plorans auditum recipit, miraculo Innocentio tertio relato altaria consecrantur. 267.

Instructio pro peregrinis ad sacram beati Petri Confessionem. 268.

Inscriptiones antiquorum profanæ et etiam Christianorum. 269.

Quinti Erenii Etrusci inscriptio statuæ positæ ab argentariis, exceptoribus et negotiantibus vini Supernæ et Ariminensis. 269.

Quinti Herenii Etrusci, Constantini, Zoe, et Heraclii Auggg. nummi reperti in maceria Turris Campanariæ 269.

Votum oblatum Faustæ Fortunæ et Jovi soli magno per Statium Codratum Maximum Æditaum. 269.

Aræ idolorum fractæ et acervatim olim projectæ in angulo ante-

Exemplum Palatii antiquissimi Apostolici Lateranensis cum multis ejus memoriis. 304.
Item de eodem. 305.
De Aula Leoniana Lateranensi a Leone III. 307.
Exemplum Apsidæ ipsius Aulæ. 308.
Exemplum imaginis s. Petri, Leonis III et Caroli Magni. 309.
Imago ad vivum Leonis tertii. 310.
Imago ad vivum Caroli Magni. 311.
De Oratorio Archangelorum juxta aulam Leonianam. 312.
De Aula Concilii Palatii Lateranensis. 312.
Palatium Lateranense Innocentius III instaurat. et de ejus Concistoriis. 313.
De Basilica Zaccariæ Papæ. 314.
De Oratorio S. Nicolai Callisti secundi. 314 (1).
De cubiculis a Callisto secundo ædificatis juxta dictum Oratorium. 315.
De antiquitate Palatii Ap.[1] Vaticani brevis enarratio. 317.
De civitate Leoniana. 321.
Inscriptio Leonis IIII dictæ civitatis, et exemplum turrium et murorum. 324.
Ecclesiæ in civitate Leoniana. 325.
Sepulcrales inscriptiones in Vaticana Basilica et aliæ memoriæ. 329.
Lapis porphyretus super quo divisa fuerunt ossa Apostolorum Petri et Pauli — Catena satalitæ et vectis Tuneti — Elogium Pauli IIII in sacrario. 329.
Inscriptiones et Epitaphia diversa. 330.
Epitaphium Rainaldi Card. Ursini. 333.
Epitaphium Franciotti Card. Ursini. 334.
Tabula donationis Olivetorum S. Gregorii PP. 334.
Epitaphium Christophori Card. Maroni. 336.
Sexti Petronii Probi v. c. epitaphium. 336.
Nomina Cardinalium et episcoporum in canonizatione sancti Caroli Cardinalis Borromei, et elogia in arcubus Theatri sub magna testudine Vaticana. 338.

(1) Publié dans mes *Ricerche*, p. 86, et suiv.

Memoria Processionis Vexillorum S. Caroli in festo S[ti] Martini ab ecclesia S. Petri, ad S. Ambrosium nationis Lombardæ 341.
De Pauli tertii sepulcro. 341.
De inventione marmoreæ capsæ Junii Bassi Præfecti urbis sub Liberio Papa. 342.
Portæ æneæ mediæ ab Eugenio IIII fabrefactæ in veteribus Templi valvis, Pauli V jussu in novis iterum collocantur. 343 (1).
Numismata ænea sub liminibus portarum occlusa anno 1618. 343.
Descriptio dictarum ænearum portarum. 343.
Carmina Honorii primi Papæ incisa olim in portis argenteis antiquæ Vaticanæ Basilicæ. 346.
Inscriptio Pauli V Pont. Max. supra dictam æneam portam marmore exarata intus Basilicam. 347.
Diversæ inscriptiones et epitaphia veteris Vaticanæ Basilicæ. 348.
Hilari Papæ instauratio fontis Baptismi, Epitaphia Agnelli presbiteri Bonifacii I, Felicis III, Joannis secundi, et Pelagii primi. 348.
Joannis III, Sabiniani, et Bonifacii V. 349.
Bonifacii 2[i], et Honorii primi. 350.
Sancti Agathonis papæ, Theodori papæ, et Benedicti secundi epitaphia in veteri Vaticana Basilica. 351.
Joannis V et Sergii primi epitaphia in veteri Vaticana Basilica. 352.
Ceaduallæ Regis Occidentalium Saxonum in Basilica S. Petri sepulti epitaphium. 352.
Gregorii III, Stephani II, et Pauli primi. 353.
Carmina in egregiis muneribus S. Petri a Carolo Magno oblatis, et Hadriani I epitaphium. 355.
Epitaphium Stephani V sepulti ante ecclesiam beati Petri. 356.
Epitaphia Sergii secundi, Benedicti tertii et Nicolai primi. 357.
De ambonibus et presbyterio in ecclesia Sci Clementis Nicolai primi, eorumque exemplum. 358.
Joannis VIII, Stephani sexti, et Joannis noni epitaphia in porticu veteris Vaticanæ Basilicæ. 359.

(1) Publié dans mes *Arts à la Cour des Papes*, t. I, p. 42-44.

Epitaphium Bonifacii junioris ex Jano Grutero. 387.

Item epigramma Basilicæ. 388.

Epitaphium in porticu S. Petri ex Gruttero. 388.

Epitaphium Bonifacii Papæ primi. 388.

Item aliud epitaphium Bonifacii papæ III. 388.

Joannis V aliud epitaphium. 388.

Pauli tertii sepulcri epitaphium versibus exaratum. 389.

Inscriptiones gentilium profanæ repertæ in demolitione veteris Basilicæ sub Julio 2°. 389.

Ulpii Egnatii Faventini ara taurobolii. 389.

Semproniæ Talusiæ. Reginiæ Tituletæ. Terminatio aræ ubi fit mentio incendii Neroniani Urbis novem dierum Aureliæ s^{tæ} filiæ et M. Camurii. 390.

Titi Tettieni felicis augustalis legatum sextertiorum quinquagintamille nummorum ad exornandam ædem Pomonæ. 391.

Decii Laberii Parilii Cissi Flaviæ Salutaris uxoris Julii Italici cum quodam legato collegio Fabrorum et Titi Septimii. 391.

Palatii Apostolici Vaticani apud sanctum Petrum inscriptiones. 392.

Epistola Nicolai Papæ tertii Ursini ad Canonicos Sancti Petri super reformatione status dictæ Basilicæ Vaticanæ. 419.

Inscriptiones et epitaphia veteris Vaticanæ Basilicæ. 423.

Maphioli de Lampugnano Epi Placentini, Francisci Barchelai Epi Molopotaniensis, Joannis Podii Epi Bononiensis, Theobaldi de Rubeo Monte Archiepiscopi Bisuntini. 423.

Procli sub Theodosio Imp., Bernardini de Cruce Epi Comensis, Joannis Cæsarini, Petri Balbi Episcopi Tropiensis, Joannis Card. S. Dionysii. 424.

Inscriptio profana satis difficilis. 425.

Aloysii Rossii Cardinalis. 425.

Henrici Borgiæ Cardinalis, Bartholomei Maraschæ Episcopi Castellani, Jacobi epi Nucerini, Lodi epi Interamnæ. 426.

Antonii Cerdani Cardinalis Ilerdensis et alia epitaphia. 427.

Item alia epitaphia. 428.

Inscriptiones quæ sunt in arcis plumbeis Clementis VIII et Leonis XI. 429.

De nova Vaticani Templi structura, quæ primum sub Nicolao Quinto ex inventione Bernardi Roselini Florentini inchoata ejus Pontificis morte dissoluta effectum non habuit. Iterum post multos annos a Julio secundo Architecto Bramante alio diverso ædificio majore et præstantiore fundata et in altum satis producta sub Leone X, ab Antonio Sangallo interius, sub Paulo tertio a Bonarota exterius elegantius reformata, tandem sub Paulo V, sub jussu et impensa Caroli Maderni Architecti opera feliciter est absoluta. 431.

De ædificio Nicolai Papæ Quinti. 431.

Item de vico Curiali, et Palatio Apostolico. 431.

Planta ædificii Nicolai PP. V, ex designatione verborum Jannotii Manetii, et inventione Bernardi Architecti Florentini. 443.

Nicolaus V commendat hanc Templi fabricam, quam imperfectam et vix inchoatam relinquebat, Cardinalibus in longa et prolixa aliarum rerum oratione ab se habita ad Cardinales pridie quam moreretur. 444.

De admirabili structura Julii secundi Pontificis Maximi, et de primario lapide in fundamento a Julio 2° solemniter collocato. 446.

Inscriptio supradicti lapidis Julii 2. 448.

De ædificio Bramantis in prospectu. 449.

Aedificium supradictum in prospectu ex Palatio Cancellariæ Apostolicæ. 450.

Descriptio plantæ Bramantis Architecti sub Julio secundo Templi S. Petri. 451.

Planta ejusdem Templi Julii secundi ex inventione Bramantis Architecti. 452.

De sacello sub invocatione Nativitatis Deiparæ Virginis Mariæ, quod in novo Bramantis Templo Julius secundus ædificare inchoavit anno 1512. 453.

Forma officii et cæremoniarum impositionis primarii lapidis in fundamento novi Templi Sancti Petri per Julium Papam secundum. 454.

Carmina sancti Leonis quarti quæ erant supra portam civitatis Leonianæ juxta Castellum Hadriani. 428.

Carmina in Ambone Sancti Petri. 428.

Mensura veteris templi Sancti Petri, in longitudine passus 200, in latitudine 112. Altaria habebat 52, ex antiquo libro manuscripto apud Canonicum Bandinum. 428.

Carmina in Ecclesia Sanctæ Anastasiæ. 418.

Inscriptio Honorii primi in Ecc.[a] Sancti Pancratii. 418.

Inscriptiones Palatii Apostolici Vaticani. 459.

De maxima testudine Vaticana Bramantis Architecti. 465.

Planta dictæ testudinis. 465.

Orthographia interior et exterior dictæ testudinis. 466.

Nummus æneus cum imagine Bramantis Asdruvaldini famosissimi Architecti S. Petri. 467.

Planta typi Vaticani Templi Balthassarii Petrucci Senensis. 468.

Historiæ quatuor in ære artificiose fusæ in utroque latere sepulcri Pauli tertii. 469.

Pars exterior Vaticani Templi Antonii de Sancto Gallo. 473.

Pars interior Vaticani Templi Antonii San Galli. 477.

Maximorum fornicum contignatio Antonii San Galli, et pedis ac palmi mensura. 481.

Pars exterior Vaticani Templi Michaelis Angeli Bonarotæ. 485.

Planta Templi Vaticani cum additione Caroli Maderni. 489.

Frons Vaticana magnificentiss[a] Pauli V. 493.

Planta veteris Vaticanæ Basilicæ. 497.

Brevis declaratio aliquarum monetarum antiquarum per Jacobum Grimaldum (1). 500.

De libra provenientium Senatus valoris s. 2, 44. 504.

De libra provisinorum valoris bol. 15. 504.

(1) Quoique cette partie du travail de Grimaldi ne se rapporte pas, à proprement parler, à l'archéologie chrétienne, il nous a paru utile de la reproduire ici, afin de ne pas scinder la description du manuscrit.

Finis Laus Deo

Sequitur tabula

Finit tabula. Laus Deo.
Deus propitius esto mihi
peccatori.

EXPLICATION DES PLANCHES.

Notre Planche I contient le fac-similé d'un dessin du XVIIe siècle, conservé à la Bibliothèque Barberini, et reproduisant une fresque du XVe siècle, peinte sur la façade d'une maison de la Via del Pellegrino à Rome (près du Campo de' Fiori). On y voit le roi Matthias Corvin à cheval, entre des anges tenant des inscriptions. C'est, très probablement, la seule effigie monumentale connue de ce monarque célèbre. La ressemblance avec les médailles, les miniatures et les bas-reliefs de

Berlin et de Vienne, s'impose absolument. La fresque a été exécutée du vivant de Corvin, comme le prouvent les inscriptions, qui ont été d'ailleurs fort imparfaitement copiées par le dessinateur du cardinal Barberini.

Paul Jove parle de cette fresque dans les *Elogia virorum bellica virtute illustrium* (éd. de Bâle, 1561, p. 281).

Le dessin de la Barberine et l'iconographie de Matthias Corvin ont fait l'objet d'un mémoire communiqué à la Société Nationale des Antiquaires de France dans sa séance du 15 février 1888.

Planche II. — La bibliothèque Barberini possède une série de dessins du XVIe et du XVIIe siècle représentant le village de Vaucluse, la prétendue maison de Pétrarque et la fameuse fontaine (XXXVIII, n° 42). L'un d'eux montre « Vallisclusa ex relatione Johannis Francisci Bondini episcopi Cavallicensis manuscripta in Bibliotheca Barberina, 1597 ». D'autres sont consacrés aux castels ou casins si pittoresques édifiés sur les flancs des rochers qui entourent la fontaine. C'est à tort toutefois que les artistes dont les dessins ont été commandés ou recueillis par les Suarès, dans les papiers de la Barberine, ont placé la maison du chantre de Laure dans le voisinage immédiat de la fontaine. Voici ce que nous écrit à ce sujet M. G. Bayle, bibliothécaire à la Bibliothèque d'Avignon, et l'un des plus savants « Pétrarquisants » modernes : « Plusieurs écrivains, d'après une tradition populaire qui subsiste encore à Vaucluse, ont placé l'habitation de Pétrarque sur les flancs de la colline où perchait le vieux manoir des évêques de Cavaillon. C'était une masure faisant partie primitivement des dépendances du château et dont les murs sont encore debout. Mais la légende est contredite par des actes notariés qui assignent à la demeure du chantre de Laure un tout autre emplacement, situé dans la plaine, sur la face publique (actuellement occupé par un café), vis-à-vis du tunnel que l'on traverse pour entrer dans l'ancien village. Suarès a décrit les ruines de cette maison dans quelques jolis vers... il parle du lierre qui couvre ces restes vénérables ; mais il ne dit pas que le nid du poète fût juché sur l'énorme rocher au pied duquel surgit la célèbre fontaine. Il y avait autrefois, au sommet de ce rocher, un ermitage dédié à saint Victor et qui fut longtemps un lieu de pélérinage ; il n'y en a plus de traces... Cependant le dessin en question ne manque pas d'intérêt et par sa date et par son originalité même. »

Mattia Corvino dipinto in una casa a mano manca all'entrar della strada del Pellegrino, della qual pittura ne fa menzione il Giovio.

ROMA FOTOTIPIA DANÈS

LE ROI MATTHIAS CORVIN

ROMA FOTOTIPIA DANESI

E DE LA PRÉTENDUE MAISON DE PÉTRARQUE À VAUCLUSE

www.ingramcontent.com/pod-product-compliance
Lightning Source LLC
LaVergne TN
LVHW010037230826
846091LV00005B/1747

* 9 7 8 2 0 1 3 6 0 4 9 7 0 *